MARCO POLO

USEDOM

Reisen mit **Insider Tipps**

> Wir lieben die vielgestaltige Land-
> schaft, die Meeresbrandung und
> Sanddornhecken, die verträumten
> Dörfer und lebhaften Badeorte.
> Und nicht zuletzt die Menschen.
> *MARCO POLO Autoren*
> *Bernd Wurlitzer und*
> *Kerstin Sucher*
> (siehe S. 119)

W0004601 7

Spezielle News, Lesermeinungen und Angebote zu Usedom:
www.marcopolo.de/usedom

USEDOM

> SYMBOLE

MARCO POLO INSIDER-TIPPS
Von unseren Autoren für Sie entdeckt

★ **MARCO POLO HIGHLIGHTS**
Alles, was Sie auf Usedom kennen sollten

☼ **SCHÖNE AUSSICHT**

📶 **WLAN-HOTSPOT**

▶▶ **HIER TRIFFT SICH DIE SZENE**

> PREISKATEGORIEN

HOTELS
€€€   über 130 Euro
€€   90–130 Euro
€   bis 90 Euro
Preise für zwei Personen im Doppelzimmer (Dusche/WC, Frühstück) in der Hochsaison

RESTAURANTS
€€€   über 18 Euro
€€   12–18 Euro
€   bis 12 Euro
Die Preise beziehen sich auf ein Hauptgericht ohne Vor- und Nachspeise und ohne Getränke

> KARTEN

[106 A1] Seitenzahlen und Koordinaten für den Reiseatlas Usedom

[0] außerhalb des Kartenausschnitts

Zu Ihrer Orientierung sind auch die Orte mit Koordinaten versehen, die nicht im Reiseatlas eingetragen sind

INHALT

ENTDECKEN SIE USEDOM!

Unsere Top 15 führen Sie an die traumhaftesten Orte und zu den spannendsten Sehenswürdigkeiten

Die Highlights sind in der Karte auf dem hinteren Umschlag eingetragen

 Usedom Baltic Fashion
Die große Oper der Modepräsentation: Toplabels der nationalen und internationalen Modebranche der Anrainerstaaten der Ostsee wetteifern zweimal im Jahr um den internationalen Modepreis, den „Baltic Fashion Award" (Seite 22)

 Usedomer Musikfestival
Über die Landesgrenzen hinaus bekanntes Festival mit den Auftritten der Preisträger der New Yorker Stiftung „Young Concert Artists" in der zweiten Septemberhälfte (Seite 23)

 Otto-Lilienthal-Museum
In Anklam sind Nachbauten verschiedener Flugapparate des berühmten Ingenieurs zu sehen, der sich seinen Traum vom Fliegen erfüllte (Seite 32)

 Petrikirche
Vom 56 m hohen Turm der Petrikirche in Wolgast reicht der Blick weit bis nach Usedom (Seite 34)

 Atelier Otto Niemeyer-Holstein
Um einen ausrangierten S-Bahn-Waggon errichtete der Altmeister der norddeutschen Landschaftsmalerei in Koserow sein Zuhause (Seite 40)

 Peenemünde
Entwicklungsstätte einer grausamen Waffe und Wiege der Weltraumfahrt (Seite 42)

 Südspitze Gnitz
Landschaft mit Steilufer, Dünen, Wassertümpeln und dem Weißen Berg (Seite 51)

> DIE BESTEN MARCO POLO HIGHLIGHTS

 Seebrücke Ahlbeck
Das einzige historische Bauwerk dieser Art an der Ostseeküste Mecklenburg-Vorpommerns wurde zum hölzernen Wahrzeichen der Insel Usedom (Seite 54)

 Ostseetherme
Subtropisches Badeparadies zwischen Ahlbeck und Heringsdorf (Seite 56)

 Benz
Das Kunstdorf: Windmühle mit Kunstausstellungen, Kunstkabinett und eine Kirche mit kulturellen Veranstaltungen (Seite 59)

 Schiffsausflug
Für Landratten erlebnisreich: die Schiffsreise von Heringsdorf in eines der Nachbarseebäder (Seite 63)

 Bäderarchitektur
Prachtvolle Villen aus der Kaiserzeit prägen noch heute das Gesicht des Seebads Heringsdorf (Seite 63)

 Seebrücke Heringsdorf
508 m ragt das Bauwerk mit Geschäften, Kino, Muschelmuseum, Ferienwohnungen und Restaurants in die Ostsee (Seite 65)

 Westliche Festungen
Beeindruckende Militärbauten am Westufer der Swina im polnischen Swinemünde (Seite 81)

 Nationalpark Wollin
Eine wunderschöne Landschaft im Nachbarland Polen bekam den höchsten Schutzstatus (Seite 83)

WAS
FÜR
EINE
INSEL!

> Ob Sie Ruhe und Beschaulichkeit genießen oder lieber sportlich aktiv sein wollen – Deutschlands zweitgrößte Insel wurde zu einer der beliebtesten Ferienregionen, weil sie für jeden etwas bereit hält: eine idyllische Landschaft mit feinem, breitem Sandstrand, Seebäder, die sich mit Villen und Hotels in der berühmten Bäderarchitektur schmücken, verträumte Winkel im Achterland und Natur pur auf den vorgelagerten Mini-Inseln Ruden und Greifswalder Oie. Dazu kommt eine vielfältige Kulturszene mit Festen, Events und Museen. Zur Insel Usedom gehört auch das polnische Swinemünde, das mit der Aufnahme in die EU noch ein Stückchen näher gerückt ist.

> Trubel am Strand oder Einsamkeit im Hinterland, Baden in der Ostsee oder Wandern um einen Binnensee – Usedom ist voller Naturschönheiten und so kontrastreich, dass die Langeweile zu Hause bleiben wird. Dicht drängen sich an der Ostseeküste die Badeorte, darunter so traditionsreiche wie Ahlbeck, Bansin, Heringsdorf und Zinnowitz. Nur einige hundert Meter vom Trubel entfernt dösen kleine Dörfer vor sich hin – mit sandigen Wegen, blumengeschmückten Vorgärten, rohrgedeckten, weißen Häuschen.

Usedom vereint auf 445 km² alle landschaftlichen Besonderheiten der Ostseeküste: flache Dünen, Steilufer und einen 40 km langen, weißen Sandstrand, dazu leicht gewelltes Hinterland mit Wäldern, Wiesen, Äckern, Boddengewässern und Binnenseen. Zum Wahrzeichen der Insel wurde das Seebrückenge-bäude mit seinen vier grünen Türmchen in Ahlbeck, das einzige historische, das an der Ostseeküste erhalten geblieben ist. Nicht zu vergessen: Meteorologen haben anhand ihrer Aufzeichnungen der letzten 30 Jahre ermittelt, dass Usedom die sonnenreichste Ferienregion Deutschlands ist. 1906 Sonnenstunden hat die Insel im Jahresdurchschnitt.

Vor allem im letzten Jahrzehnt des 20. Jhs. schossen auf der Insel Pen-

> **Deutschlands zweitgrößte Insel**

sionen und Hotels aus dem Boden. Sie bekamen Türmchen, Säulen, Erker und verzierte Loggien. Bäderarchitektur wird dieser Baustil allgemein genannt, der den Badeorten

Friedliches Miteinander: Fischerboot und Strandkörbe in Ahlbeck

Usedoms bis heute ein eigenes, unverwechselbares Gesicht gibt – auch dem im polnischen Teil liegenden Swinemünde. Denn seit dem Ende des Zweiten Weltkriegs ist Usedom geteilt. Die Alliierten sprachen die Odermündung einschließlich Swinemünde Polen zu. Zum Gesicht der Seebäder gehören auch die Seebrücken. Entstanden waren sie in jenen Jahren, als die Gäste noch auf dem Wasserweg in die Badeorte gebracht werden mussten, weil es keine Eisenbahn und Straßen gab. Später avancierten sie zu Flaniermeilen, und das sind sie bis heute geblieben. Die schönste Seebrücke mit verschnörkelten Aufbauten besaß Heringsdorf. Im strengen Winter 1941/42 zerstörten fast überall Eisschollen die hölzernen Bauwerke. Zu DDR-Zeiten waren Schiffspartien auf der Ostsee untersagt, also brauchte man keine Seebrücken. Nach der Einheit, als es Fördermittel für den Neubau gab, erlebten die Seebrücken ihre Renaissance. Zinnowitz, Koserow und Bansin legten sich wieder eine zu, der Seebrückenpavillon in Ahlbeck bekam seinen Landungssteg zurück. In Heringsdorf bauten private Investoren eine Brücke, die heute die modernste und mit 508 m auch die längste bewirtschaftete in Kontinentaleuropa ist.

Fast alle der schönen alten Pensionen und Hotels wurden nach und nach restauriert und modernisiert, viele neue entstanden, sodass sie Vergleiche auf internationalem Niveau nicht scheuen müssen. Gebaut wird auch weiterhin, vorrangig Einrichtungen, die den Gästen an Schlechtwettertagen im Sommer und in der kühlen Jahreszeit Abwechslung bieten sollen. Immer mehr Hotels legten sich in der jüngsten Zeit Wellnessbereiche zu oder erweitern ihren Swimmingpool zu modernen Wohlfühl-, Fitness- und Schönheitstempeln. Einige von ihnen sind gegen Gebühr auch für Nichthotelgäste geöffnet, so im Ferienparadies Lütow auf der Halbinsel Gnitz. Usedom möchte ein ganzjähriges Ferienziel werden.

Bauherren werden auf Usedom oft Zügel angelegt, sie dürfen nur so bauen, wie es die Gemeindevertreter

> *Bilder wie aus Kaisers Familienalbum*

zulassen. Doch zwei Baumeister scheren sich nicht um Gesetze und Genehmigungen, sie modellieren seit Jahrtausenden ungefragt die Küste: Sturm und Wasser. Unablässig nagen beide an den Steilküsten und brechen immer wieder große Teile heraus, die das Meer fortträgt. Am Langen Berg bei Bansin wurde 1878 ein hölzerner Aussichtsturm errichtet, der rund 40 m vom Steilhang entfernt stand. Schon vor Jahrzehnten ist sein Betonfundament in die Tiefe gestürzt. Auch ohne Turm beeindruckt die Aussicht vom Langen Berg, doch schöner sind die Blicke von den zahlreichen Hügeln – die Usedomer sprechen von „Bergen" – im Hinterland. Stets werden Sie irgendwo Wasser erblicken, denn mehr als ein Dutzend Seen liegen in die Landschaft gebettet, schilfbewachsen die einen, mit Badestränden die anderen.

WAS WAR WANN?

Um 600 Slawische Stämme besiedeln die Insel

1128 Beginn der Christianisierung

1648 Ende des Dreißigjährigen Krieges mit dem Westfälischen Frieden, in dem Vorpommern mit der Insel Usedom den Schweden zugesprochen wird

1720 Teilung von Vorpommern am Ende des Nordischen Krieges, Usedom fällt an Brandenburg-Preußen

1932 Die Straßenbrücke bei Zecherin wird freigegeben, zwei Jahre später die in Wolgast

1945 Der Ostteil der Insel (Swinemünde) wird auf der Potsdamer Konferenz Polen zugesprochen, der größere Teil verbleibt bei Deutschland

1953 Unter dem Tarnnamen „Aktion Rose" werden unter Vorwänden viele Hotel- und Pensionsbesitzer verhaftet und später enteignet

1990 3. Oktober: Beitritt der DDR zur Bundesrepublik Deutschland, Usedom gehört zum wieder gebildeten Bundesland Mecklenburg-Vorpommern

1994 Erstes Usedomer Musikfestival

1997 Start der Vineta-Festspiele

2000 Usedom wird nach 55 Jahren wieder an das Bahnnetz des Festlandes angeschlossen

2004 Polen wird Mitglied der EU

2005 Die Ostseeautobahn wird fertig gestellt und ermöglicht eine zügigere Anreise nach Usedom

2008 Die Usedomer Bäderbahn wird bis ins Zentrum von Swinemünde (Polen) verlängert

Schöne Ansichten schenkt das leicht gewellte Hinterland der Insel zu allen Jahreszeiten. Im Frühjahr blühen auf der Halbinsel Gnitz Felder von saftigen Sumpfdotterblumen, im Mai und Juni leuchten im Usedomer Winkel die gelben Rapsfelder, und einige Monate später hängen im Lieper Winkel die Sträucher voller Brombeeren, zeigen sich die Buchenwälder in prächtigen Farben. Typisch für Usedom sind auch die Alleen: „Grüne Tunnel" werden die baumbestandenen Straßen genannt, weil die Kronen der Bäume sie fast undurchdringlich überspannen. In der Vergangenheit halfen die Linden, Kastanien und Apfelbäume den Menschen sich zu orientieren: Bei hohem Schnee markierten sie den Weg zu Nachbarorten, im Sommer spendeten sie Pferdefuhrwerken Schatten.

Usedoms Geschichte war zu allen Zeiten bewegt. Zu ihr gehört der legendäre Pirat Klaus Störtebeker, der hier einen Schlupfwinkel besessen haben soll, ebenso wie die gotteslästerliche Gold- und Silberstadt Vineta, die angeblich vor der Küste Koserows unterging. Auf Usedom liegt auch Peenemünde, heute einer der historisch problematischsten Orte in Deutschland. Denn hier, im Norden Usedoms, ließen die Nazis die erste automatisch gesteuerte Flüssigkeitsgroßrakete der Welt entwickeln, die in Westeuropa unermessliche Schäden anrichtete. Die V 2 war aber auch die erste Rakete, die die Atmosphäre durchstieß und somit das Tor zum Weltraum öffnete. Peenemünde gilt deshalb als Geburtsort der Raumfahrt.

Die Raketenbauer hatten seinerzeit nicht nur Peenemünde für die Öffentlichkeit gesperrt, sie riegelten auch

> Viel Ruhe und frische Luft

den ganzen Nordteil der Insel ab und sperrten ferner die vorgelagerten

Deutschlands zweitgrößte Insel bietet noch viele Bilder wie aus Kaisers Familienalbum. Nach der Wiedervereinigung haben sich die Usedomer nach Kräften bemüht, den rechten Glanz wieder herzustellen. Sie waren und sind dabei, auch die letzte Ecke herauszuputzen, und mittlerweile fühlen sich selbst verwöhnte Gäste auf Usedom wieder wohl. Und die

Rohrgedeckt und farbenfroh: Fischerhaus in Warthe

kleinen Inseln Ruden und Greifswalder Oie für den Publikumsverkehr. Auch zu DDR-Zeiten blieben die Inseln Touristen verschlossen. Seit der Einheit lassen sich Besucher wieder von Fahrgastschiffen auf den Ostseewellen zu den beiden kleinen Schwestern Usedoms tragen.

meisten von ihnen schwärmen – wie bereits der Dichter Theodor Fontane vor über hundert Jahren – von der „Ruhe und frischen Luft" und dem „Blick durch die Bäume hindurch auf das graue Meer", der „poetisch und für Herz und Sinn unendlich wohltuend" sei.

▶▶ WAS IST ANGESAGT?

Trends, Entdeckungen und Hotspots. Unser Szene-Scout
zeigt Ihnen, was auf Usedom los ist.

Der Szene-Scout

Vanessa Wiese ist leidenschaftliche Aerobic-
Trainerin und Sängerin. Sie kennt die Szene auf
Usedom und setzt dort mit ihren Songs sogar
selbst Trends. Vielseitig wie sie ist, singt sie
zudem im Usedomer Kantatenchor als Solistin!
Obwohl sie erst vor ein paar Jahren von Berlin
auf die Insel gezogen ist – auf den Mix aus
Insel-Inspiration und Lifestyle möchte sie auf
keinen Fall mehr verzichten!

▶▶ USEDOM GOES CULTURE

Theater auf dem Vormarsch

Eine Insel avanciert zum Mekka für Theater-
fans: Regisseure und Kreative treffen sich
gerne zum Diskutieren, Brainstormen oder
Konzipieren auf Usedom. Kein Wunder,
dass auf der Insel moderne Theaterkultur
groß geschrieben wird: Das Repertoire im
Theater *Die Blechbüchse* in Zinnowitz
(*Seestr. 8, www.blechbuechse.de*, Foto)
ist vielfältig, die Inszenierungen überzeu-
gen auch strenge Kritiker. Im Ensemble des
Vereins *Klassik am Meer* (*Friedrichstr. 95,
Berlin, www.klassik-am-meer.de*) haben sich Berliner Schauspieler unter der Leitung des
Regisseurs Jürgen Kern zusammengefunden. In der Kirche des Ostseebades Koserow
bringen sie klassische Werke in neuem Gewand unters Volk. Mit modernen Interpretatio-
nen der Klassiker Jedermann, Faust oder Nathan der Weise hält das Ensemble von *Klassik
am Meer* genau das, was es verspricht! Wer Extravagantes liebt, geht ins *Chapeau Rouge*
(*Strandpromenade, Heringsdorf, www.chapeau-rouge.de*). Der Innenraum des Theater-
zeltes ist mit rotem Samt ausgekleidet, das Interieur erinnert an die Nachtclubkultur der
60er-Jahre: Zu jedem Zuschauersessel gehört ein Cocktailtischchen, auf dem man den
frisch servierten Drink zu Komödie und Tragödie bequem abstellen kann.

SZENE

▶▶ BEACHSPORT

Trendsetter powern am Strand

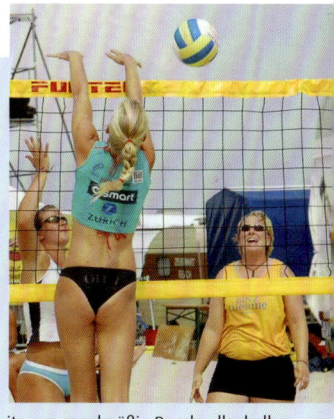

Egal ob Beachsoccer oder Beachvolleyball – für jeden Sport vor den man die Silbe „Beach" setzen kann, treffen sich Funsportler und Profis am weißen Strand von Karlshagen. Einmal im Jahr gibt's dort dann richtig Action, wenn bei Europas größtem Beachvolleyball-Event, dem *Usedomer Beachcup*, mehrere Hundert Volleyballer auf 48 Spielfeldern gegeneinander antreten. Bei der anschließenden Party wird nicht nur gebaggert, sondern auch geflirtet (*Dünencamp, Ostseebad Karlshagen, www.usedom-beachcup.de, Foto*). Sandsport-Hotspot No. 2 ist der Strand von Zinnowitz, wo regelmäßig Beachvolleyball-Turniere stattfinden (*Aktuelle Termine finden sich unter: www.zinnowitz.de*).

▶▶ LOUNGE-CLUBBING

Entspannte Szenetreffs sind angesagt

Loungen – ein kleines Wort steht für einen großen Trend. In der feinen, internationalen *Coco Lounge* chillt man in lässigem Ambiente, und das Partyvolk genießt ausgewählte Spirituosen, die nicht in jedem Regal zu finden sind (*Friedenstr. 13, Heringsdorf*). Außerdem kürt die Lounge einmal im Jahr bei der *Usedomer Cocktail Convention* den besten Cocktail der Insel. Das kommt gut! Beachclubbing ist am Strand von Karlshagen und Ahlbeck angesagt: Verschiedene Veranstalter organisieren die Spontan-Events mit Musik und Barbetrieb. Die Fusion von Beats und Meeresrauschen wirkt betörend. Da es keine festen Termine fürs Loungen am Strand gibt: Immer schön an die Einheimischen halten und dann abfeiern.

▶▶ BIKE-FIEBER

Easy Rider in Peenemünde

Die Bikerszene der Ostseeküste trifft sich auf Usedom. Schmale, kurvige Straßen und die Trainingsstrecke am Flugplatz Peenemünde ziehen Motorradfans an. Bei gutem Wetter cruisen Harleys durch die Landschaft und brettern Rennmaschinen über die Straßen. Dreh- und Angelpunkt ist der Peenemünder Motorsport- und Verkehrsschulungsverein (Am Hünengrab 30, www.pmv-motorsport.de, Foto), wo auch Trainingsstunden angeboten werden!

▶▶ CINEMATHEQUE

Autokinos wieder im Kommen

Das Revival der 70s: Während im Sommer Säle leer bleiben, bietet Usedom jede Menge Auto- und Open-Air-Kinos. Tipp: Etwas früher kommen, Picknickkorb mitbringen und relaxed auf den Abend einstimmen. Wenn die Sterne am Himmel funkeln, heißt es: Film ab! Die besten Locations sind die Sommerkinos Trassenheide (Strandstr. 36) und Zempin (Strandstraße). Eine Extraportion Romantik steht im Autokino Usedom auf dem Parkplatz von Koserow (an der B 111) oder im Autokino Seebad Ahlbeck (An der Grenze) auf dem Programm. Cine-Highlights am Strand gibt's im Cinemacafé auf dem Campingplatz Ückeritz (Am Strand). Ein Überblick findet sich unter: www.insel-kinos.de.

▶▶ USEDOM JAZZT

Jazz-Events in Heringsdorf, Ahlbeck und Bansin

Die Jazz-Szene der Insel ist aktiv! Alle zwei Monate zelebriert der Verein Jazz auf Usedom (www.usedom-jazz.de, Foto) seinen Jazz Club auf der Insel. Von Kennern sehnsüchtig

erwartet, gibt es hier schrille Töne, chillige Arrangements und entspannte Improvisationen zu hören. Gefeatured werden nationale und internationale Acts, die entweder am Bahnhof in der Halle des Stellwerks oder – bei gutem Wetter – auch outdoor auftreten. Das Top-Event der Jazz-Szene steigt im Sommer, wenn während des Jazz-Festivals drei Tage lang die Trompeten auf den Stages von Heringsdorf, Ahlbeck und Bansin vibrieren.

▶▶ SEGELN

Pirates of Usedom

Segeln mal anders: Der Trend geht weg vom ultramodernen Segelboot, hin zum abenteuerlichen Törn im Schoner von anno dazumal. Auf der *Ernestine*, einem Schiff aus dem Jahre 1901, wird man Teil der Crew und während stille Schilfbuchten oder bunte Hansestädte vorbeiziehen, wird man von Kapitän und Matrosen mit der traditionellen Seefahrt vertraut (*Am See 1, Jasedow, www.ernestine-segeln.de*, Foto) *gemacht*. Johnny Depp und Orlando Bloom müssen sich beim Dreh zu „Fluch der Karibik" mit Sicherheit ganz ähnlich gefühlt haben! Auf dem Top-Segelschoner *Weiße Düne* (*www.weisse-duene.com*) kann ebenfalls mitgearbeitet werden – muss aber nicht. Bei spontanem Relax-Bedürfnis kann man sich chillig in den Sonnenuntergang schippern lassen. Mehr Segelkurse und Angebote gibt es bei *Mydays* (*www.mydays.de*) oder beim örtlichen Verein (*www.marine-regatta-verein.de*). Usedom ahoi!

▶▶ KUNSTINSEL DE LUXE

Watch out and go buy

Usedoms Kunstszene ist eine der authentischsten Deutschlands. Fernab der großen Metropolen präsentieren Galerien lokale, nationale und internationale Künstler und verkaufen deren Werke wie *Mädchen am Strand* von Edwin Hagendoorn (Foto). Maler lassen sich auch während Kunst-Events von der Ostseeinsel inspirieren: Beim *7 Malen am Meer* haben 7 Künstler 7 Tage Zeit, um ihre Impressionen auf Leinwand zu bringen. Die Bilder werden in der Hamburger *Galerie Rose* ausgestellt (*Großer Burstah 36 , www.galerierose.com*). Bei der jährlichen Kunstauktion im Kunstpavillon Heringsdorf (*Auf der Westpromenade, www.usedomer-kunstverein.de*) ersteigern Szenekenner die neuesten Highlights aus dem Raum Usedom bis Barth.

BERNSTEIN

„Gold des Nordens" wird der Bernstein genannt, Stürme tragen ihn im Seetang an Usedoms Küste. Die kleinen, weingelben bis rötlichen Steine haben ein Alter von etwa 40 Mio. Jahren; sie entstanden aus dem erhärteten Harz vorzeitlicher Nadelbäume. Bernstein lässt sich bohren, sägen, schleifen und brennt mit heller, stark rußender Flamme und angenehmem Geruch. In Bernsteinstücken sind oft Pflanzenreste wie z.B. Tannennadeln oder Fliegen, Mücken und Käfer eingeschlossen, Inklusen genannt. Durch diese Einschlüsse wissen wir, welche Insektenarten vor Millionen Jahren im Fundgebiet lebten.

BRAUN, VON

Der Physiker Wernher Freiherr von Braun (1912–77) hatte als Raketen-

STICH WORTE

forscher einen maßgeblichen Anteil an der Entwicklung der modernen Raumfahrt. 1937 setzten ihn die Nationalsozialisten als technischen Direktor der Heeresversuchsanstalt Peenemünde ein. Unter von Brauns Leitung wurde die erste moderne Großrakete der Welt, die V 2, entwickelt und erprobt. Der Wissenschaftler war Mitglied der NSDAP und SS, Hitler selbst ernannte ihn zum Professor. Als von Braun nach dem Zweiten Weltkrieg in die USA übersiedelte, folgten ihm mehr als hundert seiner Mitarbeiter. Er war verantwortlich für Bau und Start des ersten amerikanischen Erdsatelliten und der Saturn-Raketen.

FAUNA

In der Ostsee werden vor allem Dorsch, Flunder und Hering gefangen, in den Boddengewässern Hecht,

Barsch, Aal und Zander. Am Strand liegen die gerippten Herzmuscheln, die rosafarbenen Baltischen Plattmuscheln und die ovalen Sandklaffmuscheln. Charakteristischer Vogel der Küste ist die Möwe, am häufigsten kommt die Lachmöwe vor, die ihr

„Nesthocker": Familie Storch

Nest in Kolonien am Boden baut und von Insekten, Wirbellosen, Fisch und Abfall lebt. Mehr als ein Dutzend Seeadlerpaare haben auf Usedom ihre Horste, zahlreiche Weißstörche nisten auf der Insel. Rehe, Rotwild, Damwild und Wildschweine sind in Usedoms Wäldern zu Hause.

FISCHOTTER

Der vom Aussterben bedrohte Fischotter hat auf Usedom noch sein Zuhause. Jahrhunderte wurden die Otter ihres dichten Pelzes wegen unbarmherzig gejagt. Touristen bekommen die possierlichen Tiere jedoch kaum zu sehen, denn sie sind nachtaktiv,

sehr scheu und äußerst schnell. Fischotter legen auf dem Land bis zu 8 km pro Stunde zurück, im Wasser schaffen sie bis zu 12 km. Den Eingang zu ihrem Bau legen sie meist einen halben Meter unter der Wasseroberfläche an. Dort, wo die Tiere Straßen überqueren, fordern Verkehrsschilder dazu auf, zwischen 21 und 6 Uhr die Geschwindigkeit zu drosseln.

FLORA

Seit 1999 haben große Teile Usedoms den Status eines Naturparks. Das geschützte Gebiet ist 720 km² groß. Überwiegend Kiefern, Erlen, Buchen, Birken und Fichten wachsen auf Usedom. Blau- und Preiselbeerensammler schwärmen von der oft reichlichen Ernte. Stieleichen-Birkenwälder stehen im Gebiet Peenemünde, Mölschow und Lütow. Auf den feuchten Böden um den Gothensee, den Schmollensee und den Kachliner See wachsen Erlen und Eschen. Die Dünen der Außenküste sind vorwiegend mit Strandhafer befestigt. Auf der Greifswalder Oie wird die Stranddistel oft meterhoch, unübersehbar sind ihre metallisch glänzenden Blätter und die stahlblauen Blüten im Hochsommer.

LILIENTHAL

Der Anklamer Otto Lilienthal (1848 bis 1896) entwickelte mit seinem „Segelapparat" das erste flugfähige Gleitflugzeug und damit das erste Flugzeug der Welt. In seiner Geburtsstadt erinnern an den Flugpionier ein Museum, ein Denkmal am Rand des

Marktplatzes, das Relief in der Rathaushalle, die Büste an der Stelle des nicht mehr vorhandenen Geburtshauses in der Peenstraße und der seinen Namen tragende Flugplatz. Otto Lilienthal war als Flugzeugkonstrukteur zugleich sein eigener Testpilot. 1891 gelangen ihm die ersten Sprünge von bis zu 15 m Weite, fünf Jahre später verunglückte er bei einem Routineflug in den Rhinower Bergen in der Mark Brandenburg tödlich.

ÖKOLOGIE

Regelmäßig entnommene Wasserproben belegen: An der Ostseeküste von Usedom kann heute bedenkenlos gebadet werden. Die Wasserqualität entscheidend verbessert hat die Swinemünder Kläranlage, die als eine der modernsten Europas 1997 fertig gestellt wurde. Die von Deutschland mitfinanzierte Anlage wird nicht nur von der polnischen Stadt Swinemünde genutzt, sondern auch von Orten im deutschen Inselteil. Ungeklärte Abwässer gelangen hier also nicht mehr ins Meer. Da das aber noch nicht überall an der Küste so ist, gehört die Ostsee weiterhin zu den besonders gefährdeten Meeren, weil sie nur durch drei schmale Stellen frisches Salzwasser erhält.

PLATTDEUTSCH

Nur ältere Usedomer sprechen untereinander noch Plattdeutsch, wie das Niederdeutsche landläufig genannt wird. Vom 14. Jh. an war es die Verkehrssprache, wurde aber ab dem 16. Jh. vom Hochdeutschen abgelöst, das hauptsächlich der Adel und das Bürgertum schrieben und sprachen. Die Umgangssprache der einfachen Bevölkerung blieben das Plattdeutsch und seine zahlreichen landschaftlich gebundenen Dialekte.

> BÜCHER & FILME
Lesen und schauen zur Einstimmung

> **Die Insel** – Was der auf Usedom lebende Maler Matthias Wegehaupt zu DDR-Zeiten zwischen 1970 und 1989 im Geheimen aufschrieb, versteckte er unter den Bodendielen seines Ateliers. Jetzt liegen die Aufzeichnungen als Roman vor.

> **Die Geschichte der Insel Usedom** – Wer die Gegenwart Usedoms besser verstehen möchte, sollte die Vergangenheit kennen. Das ermöglicht Dirk Schleinert mit seinem Buch.

> **Usedom. Ein deutsches Inselleben / Insellicht. Usedomer Bilder** – Der Regisseur Heinz Brinkmann, der von Usedom stammt, hat mehrere Filme über seine Insel gedreht. In „Usedom. Ein deutsches Inselleben" (1993) beschreibt er den Beginn einer neuen Periode, und in „Insellicht. Usedomer Bilder" (2005) stehen acht Künstler aus zwei Generationen im Mittelpunkt. Geschickt und behutsam verknüpft er deren persönliche Erlebnisse und die historisch-politischen und aktuellen Zusammenhänge vor dem Hintergrund der einzigartigen Insellandschaft.

RUNGE

Philipp Otto Runge (1777–1810), der Begründer der romantischen Malerei, reiste oft von Hamburg, seinem Wohnsitz, zu seiner Geburtsstadt Wolgast, um von dort aus nach Usedom und Rügen zu wandern. Runge beeinflusste die deutsche Malerei nicht nur durch seine kraftvoll realistischen Bildnisse, sondern auch durch seine in Briefen festgehaltenen Erkenntnisse zur Farbenlehre. Darüber hinaus hat er auch Märchen gesammelt. So stammt das bekannte plattdeutsche Märchen „Vom Fischer un syner Fru" von Runge; die Brüder Grimm nahmen es in ihre Sammlung auf. Runge wurde als neuntes von elf Kindern geboren. Sein Geburtshaus Kronwiekstraße 45 in Wolgast wurde restauriert und 1997 als Museum eröffnet.

SALZHÜTTEN

Nach 1820 förderte der preußische Staat die Strandfischerei, indem die Fischer steuerfreies Salz für die Konservierung der Fische erhielten. Um das Salz unter Verschluss lagern zu können, bauten sie kleine, in Fachwerk oder aus Backstein errichtete Häuser, doch die großen Sturmfluten von 1872 und 1874 zerstörten sie. Die Salzhütten wurden wieder auf- und ausgebaut, doch nutzten die Fischer sie jetzt meist als Arbeitsraum. Bei der Koserower Seebrücke, aber auch in den Dünen von Zempin stehen noch eingeschossige, rohrgedeckte Salzhütten. Die in Koserow werden heute als Gaststätte, Museum und Souvenirgeschäft genutzt.

SEENOTRETTUNG

Zu bis zu 400 Einsätzen im Jahr laufen die Seenotkreuzer aus, die entlang der Ostseeküste von Mecklenburg-Vorpommern stationiert sind. Die Rettung von Menschen aus Seenot obliegt der in Bremen ansässigen Deutschen Gesellschaft zur Rettung Schiffbrüchiger, kurz DGzRS genannt. Gegründet wurde die DGzRS am 29. Mai 1865 in Kiel. An der Ostseeküste von Mecklenburg-Vorpommern unterhält sie heute elf Stationen. Seenotkreuzer liegen u. a. am Ufer der kleinen Insel Greifswalder Oie zwischen Usedom und Rügen sowie am Alten Strom in Warnemünde. Schirmherr des deutschen Seenotrettungswerks ist der Bundespräsident.

STRANDKORB

Tausende dieser „Strandmöbel" werden im Mai aufgestellt und im Oktober wieder in den Lagerräumen verstaut. „Erfunden" wurde der Strandkorb 1882 in Rostock von Hofkorbmachermeister Wilhelm Bartelmann, der einer älteren, rheumakranken Dame einen mit Markisenstoff überdachten Rohrstuhl als Windschutz baute. Am 14. Juni 1883 ließ Bartelmann im „Allgemeinen Rostocker Anzeiger" jene Annonce veröffentlichen, mit der der Siegeszug des Strandkorbs begann: „Badegästen empfiehlt Strandstühle als Schutz gegen Sonne und Wind ..." 1925 nahm in Heringsdorf eine Strandkorbfabrik die Produktion auf, 1992 wurde das zu DDR-Zeiten als „volkseigen" geführte Unternehmen wieder privati-

> www.marcopolo.de/usedom

siert. Hier werden Strandkörbe noch in traditioneller Handarbeit gefertigt. Eine kleine Auswahl ist in der Verkaufsstelle in der Heringsdorfer Brunnenstraße Nr. 10 zu sehen

VINETA

Die nordvorpommersche Stadt Barth ließ sich 1998 den Namen Vineta beim Deutschen Patentamt als Markenzeichen schützen. Die Wogen schlugen daraufhin hoch, denn bislang hatten die Usedomer Orte Zinnowitz und Koserow von der Vineta-Legende profitiert. Die zerstörten zwei Berliner Historiker mit der These, die angeblich größte Ostseestadt habe im Barther Bodden gelegen. Über Vineta gibt es mehr Vermutungen als gesicherte Beweise. Das Atlantis Pommerns soll eine sagenhaft reiche Stadt gewesen sein,

doch waren ihre Bewohner so hochmütig, dass Gott die Stadt im Meer versenkte. So will es eine Legende. Eine andere besagt, der Reichtum von Vineta habe zu Hass und Neid geführt, sodass man Schweden und Dänen zu Hilfe gerufen habe. Beide seien gekommen, hätten gute Beute gemacht und die Stadt schließlich zerstört. Vor dem Streckelsberg, dort, wo das Vineta-Riff das Meer aufschäumen lässt, habe sich Vineta befunden. Das meinen zumindest die Usedomer. Polnische Wissenschaftler wollen durch Grabungen ermittelt haben, dass das heute unscheinbare Wollin mit der sagenhaften Handelsstadt identisch ist und von den Dänen 1184 zerstört wurde. Wo es tatsächlich gelegen hat – so wird gescherzt –, werden wir wohl erst wissen, wenn Archäologen stolz das Ortsschild präsentieren ...

Im Strandkorb die Seele baumeln lassen und den Alltag vergessen

FESTIVALS RUND UMS JAHR
Modegala, Theaterspektakel und Musikfestival

> In der warmen Jahreszeit wird den Gästen viel geboten: Hafen-, Strand-, Brücken-, Neptun- und Sommerfeste; den Abschluss der Sommersaison bildet Mitte September das Drachenfest in Ahlbeck. Die Namen mögen variieren, die Programme unterscheiden sich nicht wesentlich: meist musikalischer Frühschoppen, Kinderprogramm, Markttreiben. In jüngster Zeit haben sich jedoch Feste etabliert, deren Ruf weit über Usedom hinausreicht. Die Ankündigungen hängen in den einzelnen Orten aus und stehen in den Veranstaltungskalendern.

FEIERTAGE

Im deutschen Teil der Insel:
1. Jan. *Neujahr, Karfreitag, Ostermontag;* **1. Mai** *(Tag der Arbeit), Himmelfahrt, Pfingstmontag;* **3. Okt.** *(Tag der Deutschen Einheit),* **31. Okt.** *(Reformationstag),* **25./26. Dez.** *1. und 2. Weihnachtsfeiertag*
Im polnischen Teil der Insel:
1. Jan. *Neujahr, Ostermontag, Fronleichnam,* **1. Mai** *(Tag der Arbeit);* **3. Mai** *(Tag der Verfassung);* **15. Aug.** *(Mariä Himmelfahrt);* **1. Nov.** *(Allerheiligen);* **11. Nov.** *(Unabhängigkeitstag),* **25./26. Dez.** *1. und 2. Weihnachtsfeiertag*

FESTE UND VERANSTALTUNGEN

Februar
Winterbadespektakel: Aus ganz Deutschland reisen Winterbader an, um am Samstag vor dem Valentinstag in originellen Kostümen bei Ahlbeck in die kalte Ostsee zu steigen.

Insider Tipp

April/Oktober
⭐ *Usedom Baltic Fashion:* Toplabels der nationalen und internationalen Modebranche zeigen halbjährlich an zwei Tagen ihre aktuellen Kollektionen im Forum Usedom. Heringsdorf bietet die große Oper der Modepräsentation. Kaum anderswo in Deutschland ist Mode so hautnah zu erleben wie auf der Show „Baltic Fashion Award". Tel. 038378/244 16, *www.baltic-fashion-award.de*

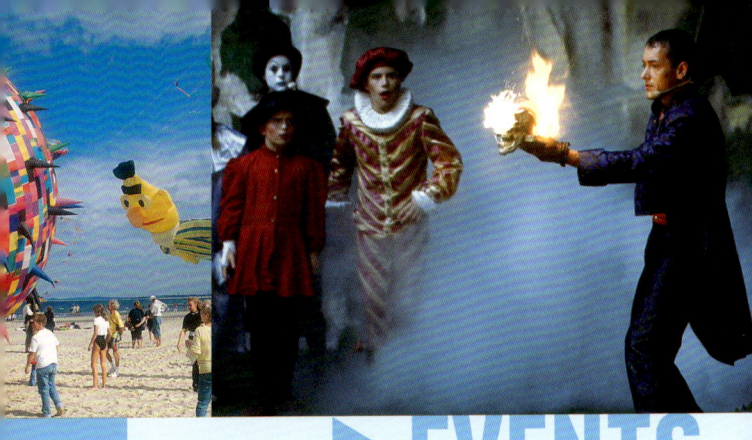

> EVENTS
FESTE & MEHR

Pfingsten

Insider Tipp

Internationales Kleinkunstfestival:
Künstler aus vielen Ländern zeigen vor
der Seebrücke und anderswo in Heringsdorf ihr Können: Pantomimen, Jong-
leure, Zauberer, Clowns – Straßentheater
vielfältiger Art. An der Strandpromenade findet ein Kunsthandwerkermarkt
statt, den Abschluss bildet ein Feuerwerk. Gastspiele auch in anderen Insel-
orten. *www.kleinkunst-festival.com*

Juni bis September

Vineta-Festspiele: Dreimal in der Woche
rollt ein multimediales Theaterspektakel
aus Schauspiel, Musik, Tanz, Feuerwerk
und Lasershow über die Freilichtbühne
in Zinnowitz. Auf der Bühne taucht die
sagenhafte Stadt Vineta wieder auf, die
eine Sturmflut vor 1000 Jahren ins Meer
gerissen haben soll. Kartentel. 038377/
409 36, *www.vineta-festspiele.de*

Juli

Insider Tipp

Töpfermarkt Morgenitz: Töpfer aus ganz
Deutschland verkaufen in dem kleinen

Dorf ihre Produkte. Der Töpfermarkt am
letzten Wochenende wurde zum Volks-
fest mit Tausenden von Besuchern.

September

Usedom-Marathon: Von Swinemünde
geht's parallel zum Ostseestrand nach
Wolgast. Wer dort ankommt, hat 42,195
km zurückgelegt. Als Alternative gibt es
den 21,1 km langen Halbmarathon mit
Start und Ziel im Wolgaster Peenesta-
dion. Der Usedom-Marathon, das größte
sportliche Fest der Insel, findet traditionell am ersten Samstag statt. Usedom
Tourismus GmbH, Tel. 01805/87 33 66,
www.usedom-marathon.de

★ *Usedomer Musikfestival:* Kammer-
musik- und Liederabende gehören
ebenso zu dem renommierten Festival
in der zweiten Monatshälfte wie Jazz
und Musicalsongs. Traditionell treten
Preisträger der New Yorker Stiftung
„Young Concert Artists" auf. Festival-
büro, Tel. 038378/346 47, *www.usedo
mermusikfestival.de*

> HERZHAFTES UND FISCH, FISCH, FISCH

Traditionelles aus Vorpommern nach Großmutters Rezepten

> **Die Küche der Küste, auch die von Usedom, gilt als deftig und einfach: bodenständige Hausmannskost, die auf Rafinesse verzichtet.**

In der Vergangenheit musste eine Mahlzeit lange vorhalten, auch konnten sich die Fischer und Landarbeiter keine kulinarischen Köstlichkeiten leisten. Auf den Tisch kam, was vor der Haustür wuchs oder schwamm: Kartoffeln, Kohl, Rüben und natürlich Fisch. Hering mit Kartoffeln war bis Anfang des 20. Jhs. ein Alltagsgericht. Heute ist der Hering wieder zu Ehren gekommen, nachdem er einige Jahre als Armeleuteessen in den Restaurants verpönt war. Jeden April wird zu „Heringswochen" geladen. Usedomer Köche zaubern wahre Leckereien aus dem besonders zarten Ostseehering. Im September gibt es die „Tüftentage" mit einer Fülle einfallsreicher Gerichte. Tüfte heißt hier zu Lande die Kartoffel.

Bild: Restaurant Nauticus auf der Seebrücke Heringsdorf

ESSEN & TRINKEN

Durch den Fremdenverkehr wurden auch Gerichte aus anderen Landen in der Inselküche ausprobiert. Regionales hingegen wurde lange vernachlässigt und geriet in Vergessenheit. Touristen möchten aber Lokaltypisches. Deshalb stöbern Inselköche jetzt wieder in Großmutters Kochbüchern, was sie auch auf den Speisekarten vermerken: „Zubereitet nach alten Familienrezepten". Mit dem Ergebnis sind selbst die strengen Tester der Gastronomieführer zufrieden; immer mehr Restaurants der Insel erhalten die begehrten Sterne oder Kochlöffel.

Fangfrischer Fisch steht bei Köchen und Gästen gleichermaßen in der Gunst. Es gibt nicht nur Ostseefische wie Hering, Flunder und Dorsch, durch den Peenestrom, das Achterwasser und das Kleine Haff können auch Süßwasserfische wie Barsch, Zander, Karpfen und Hecht angeboten werden. Die Flunder, so meint der Volksmund, schmecke in den Monaten ohne „r" am besten, der Dorsch dagegen in den Monaten mit „r". Im späten Frühjahr wird vielfach Hornfisch angeboten, der im Mittelmeer und im Atlantik lebt. Er kommt nur zum Laichen in die Ostsee. Der bis zu 1 m lange Fisch mit den grünen Gräten ist noch weitgehend unbekannt, obwohl er gut schmeckt. Eine Delikatesse ist der Ostseeschnäpel, auch Steinlachs genannt, mit seinem festen, schmackhaften Fleisch. Lediglich 30 t sind es im Jahr, die die Fischer fangen, vor allem im November und Dezember, wenn der Schnä-

> SPEZIALITÄTEN

Lassen Sie sich diese Köstlichkeiten gut schmecken!

Aal in Dillsoße – Der Aal wird in einem Weinsud gegart, der Sud mit Sahne und Eigelb zur Soße legiert. Vor dem Servieren wird noch fein gehackter Dill eingerührt.

Ahlbecker Fischsuppe – Eine aus Weißkohl, Kartoffelstückchen, Zwiebeln, Mehl und Milch bestehende Suppe mit in große Würfel geschnittenem Dorschfilet. Garniert mit reichlich gehacktem Dill, dazu kleine Schwarzbrotecken.

Gebratene Ostsee-Flunder – In Zitronensaft, Salz und Pfeffer marinierte, beidseitig gebratene Flunder, über die in heißer Butter kurz angedünstete gehackte Petersilie kommt. Beilagen: Salz- oder Pellkartoffeln und grüner Salat.

Gebratener Hornfisch – Kleine, in Öl gebratene Fischstücke, die mit Senfsoße, Salzkartoffeln und frischem Salat serviert werden. Den grätenreichen Hornfisch gibt es nur im Frühsommer.

Gefüllte Entenbrust – Mit Pflaumen, Äpfeln, Majoran und Zimt gefüllte und gebratene Ente. Beilagen: Apfelrotkohl und Kartoffelklöße.

Hecht in Sahnesoße mit Meerrettich – Der in Stücke geschnittene Fisch wird in einem Gewürzsud gegart. Der fertige Fisch wird mit der aus Meerrettich, saurer Sahne und einigen Löffeln des Suds hergestellten Soße begossen und mit grünem Salat und Salzkartoffeln gereicht.

Klopfschinken – Rohe Schinkenscheiben werden dünn geklopft und einige Stunden in mit Muskat gewürzter Milch eingelegt, danach paniert und in Öl goldbraun gebacken. Als Beilage gibt es gebratene Waldpilze, grünen Salat oder gedünstetes Gemüse und Kartoffeln.

Labskaus – Durch den Fleischwolf gedrehte gepökelte Rinderbrust, vermischt mit einem Püree aus Kartoffeln, Hering und eingelegten Roten Beeten. Obenauf kommt ein Spiegelei (Foto).

Rote Grütze – Johannis-, Erd- und/ oder Himbeeren, auch Kirschen werden gekocht und mit Stärkemehl zu Grütze gebunden. Dazu: Vanillesoße.

pel zum Laichen in die Gewässer der Peene, des Achterwassers und des Stettiner Haffs wandert.

Manche Gerichte auf Usedom werden dem Gast jedoch nicht auf Anhieb zusagen, da sie für fremde Zungen gewöhnungsbedürftig sind. Die Geschmacksrichtung süßsauer ist nicht jedermanns Sache. Viele Hauptgerichte werden gezuckert oder mit Backpflaumen und Rosinen gewürzt. Der *Gasthof t'n Eikbom* in Dargen pflegt solche Speisen. Süßsauer schmeckt auch die *Soljanka*, eine ursprünglich ukrainische Spezialität, die auf keiner Speisekarte der DDR fehlte und sehr beliebt ist. Die Fleischsuppe mit Gurken, Zwiebeln und Tomaten wird mit einem Klacks saurer Sahne und einer Zitronenscheibe serviert. Oft finden sich auf Usedoms Speisekarten auch Wildgerichte, denn die Wälder sind wildreich. Im Oktober, zu den Usedomer Wildwochen, warten die Küchenchefs mit speziellen „Wildkarten" auf.

Wenn Einheimische mitbekommen, dass ihre Küche nicht so recht mundet, werden sie bestimmt meinen: „Dei weit jo nich, wat schmeckt" (Der weiß ja nicht, was schmeckt!), wenn Sie dagegen voller Appetit „rinspachteln" oder „verposementieren", dann kann schon mal hinter Ihrem Rücken getuschelt werden: „He frett, dat dat Mul schümt" (Der frisst, dass das Maul schäumt) oder „He frett as'n Schüündröscher" (Der frisst wie ein Scheunendrescher).

An warmen Tagen verzichten die Gäste meist auf das Mittagessen, die Gaststätten sind dann fast leer. An Badewettertagen lässt man sich zwischendurch ein Fischbrötchen

Frisch geräucherter Aal – eine Delikatesse

schmecken oder ein Stück Räucherfisch. Die Fischer am Strand schreiben ihr tägliches Angebot mit Kreide auf eine Tafel. Nichts geht über eine Portion Aal frisch aus dem Rauch.

In der kalten Jahreszeit, nach einem Spaziergang bei Eis und Schnee, wird man Ihnen zum Aufwärmen einen Grog empfehlen. Apropos Trinken: Was mögen die Einheimischen an alkoholischen Getränken außerdem? Wenn Sie einen der Älteren fragen, dürfte er Ihnen verschmitzt antworten: „Wat bruken wi Alkohol, solang wi Bier un Bramwin hewwen" (Was brauchen wir Alkohol, solange wir Bier und Branntwein haben). Zum Bier passt ein „Köm", ein klarer Kümmelschnaps, ob Sie nun deftig gegessen haben oder nicht.

KUNSTHANDWERK UND RÄUCHERAAL

Beliebte Mitbringsel sind Bernsteinschmuck,
Bilder und Buddelschiffe

> Souvenirs sind in allen Badeorten zu haben. Einige, beispielsweise Schlüsselanhänger, Basecaps und Kaffeebecher, schmückt eine kleine, lustige Möwe. Das ist „Emma Sonnenschein", das Maskottchen von Usedom.

BERNSTEIN

Bernstein in Ringen, als Anhänger und zu Ketten verarbeitet: Das „Gold des Meeres" wird überall auf der Insel angeboten und als typisches Mitbringsel oder Erinnerungsstück gern gekauft. Bereits die alten Römer schätzten den Bernstein, das erhärtete, rund 40 Millionen Jahre alte Harz vorzeitlicher Nadelbäume, als Schmuckstück.

BILDER

Viele Maler haben auf Usedom ihre Motive gefunden; die berühmtesten von ihnen waren Lyonel Feininger und Otto Niemeyer-Holstein. Auch heute wird noch viel gemalt: In Ahlbeck ist es Volker Köpp, in Mölschow Hans Seifert und in Zinnowitz das Ehepaar Brigitte und Reinhard Meyer, die ihre großen und kleinen Bilder verkaufen. Eine besonders große Auswahl ist im Kunstkabinett in Benz vorhanden.

BUDDELSCHIFFE

Bei den Urlaubern beliebt sind auch Buddelschiffe, von denen die kleinsten nur streichholzschachtelgroß sind. Das Schiff in der Buddel, wie die Flasche auf Plattdeutsch heißt, ist oft der maßstabsgerechte Nachbau eines bestimmten historischen Seglers. Die ersten Buddelschiffe tauchten bereits Ende des 18. Jhs. auf. Mit dem Bau dieser Schiffe vertrieben sich die Seeleute ihre freie Zeit und bewiesen ihr handwerkliches Geschick.

RÄUCHERFISCH

Nicht wenige gehen kurz vor der Heimreise zu den Fischern in Koserow oder Ahlbeck, um für sich oder die Daheimgebliebenen einen frisch geräucherten Aal mitzunehmen.

> EINKAUFEN

SANDDORN

An der Ostseeküste von Mecklenburg-Vorpommern wächst der Sanddorn (Hippophae rhamnoides), auch Haff- oder Seedorn genannt, wild. Als „Zitrone des Nordens" wird er gern bezeichnet, da er zehnmal mehr Vitamin C als die Zitrone enthält. Sanddorn wird als Saft, Likör, Marmelade und neuerdings sogar als Hautcreme angeboten. Die kleinen, organgefarbenen Früchte werden im Herbst von den Sträuchern geerntet.

STRANDGUT

Besonders beliebt als Souvenirs sind jene Stücke, die die Natur geschaffen hat. In zahlreichen Usedomer Geschäften werden sie angeboten: schöne Muscheln, Bernsteinstückchen und „Hühnergötter", wie die mit einem oder mehreren Löchern versehenen, inzwischen heiß begehrten Feuersteine von den Einheimischen genannt werden. Einst wurden die durchlöcherten Steine nämlich in Hühnernester gelegt, um die Legefreudigkeit der Hennen zu verbessern. Heute

wandern sie als Glücksbringer in die Geldbörsen, die – so hofft man – dadurch stets gut gefüllt bleiben sollen. Nicht minder beliebte Fundstücke sind die Donnerkeile. So heißen die versteinerten Skelettreste von urweltlichen Tintenfischen.

STRANDKÖRBE

In Heringsdorf gibt es die älteste deutsche Strandkorbfabrik, in der diese Ende des 19. Jhs. erfundenen Strandmöbel noch in traditioneller Handarbeit, vorwiegend aus Kunststoff, geflochten werden. Wer sich einen Strandkorb für zu Hause aussuchen möchte, hat die Qual der Wahl: Die beiden Grundtypen sind in vier Standardbreiten lieferbar, geflochten in einer von 14 Farb- und Materialvarianten, kombiniert mit einem der vier unterschiedlichen Holzlasur- und Lackfarbtöne und ausgeschlagen mit einem von 39 Stoffdessins ...

> WUCHTIGE BAUTEN AUS BACKSTEIN

Gotische Kirchen und barocke Schlösser, Landschaftsparks und eine Kaffeemühle – auch das Festland vor Usedom hat einiges zu bieten

> Flach und weiträumig ist das Land im Nordwesten von Vorpommern: von der Eiszeit planiert, von der Peene durchfurcht, überragt von den Kirchtürmen von St. Marien und St. Nikolai in Anklam und St. Petri in Wolgast. Jahrhundertelang wiesen sie den Seeleuten den Weg.

Heute sind die Kirchen steinerne Zeugen einstigen Reichtums und verflossener Macht und erzählen vom Kunstsinn der Bürger im Mittelalter. Durch Anklam und Wolgast, die Tore zur Insel Usedom, schieben sich im Sommer die Autos, drängen sich an Schlechtwettertagen die von der Insel kommenden Touristen auf ihrem Tagesbesuch. Aber schon wenige hundert Meter hinter den Stadtgrenzen herrscht wieder Stille zwischen Wiesen, Feldern, Wald und kleinen Dörfern. Die Anklamer Umgebung, eingefasst von Peene, Tollense und Landgraben, wird oft „Grafenwinkel" genannt, weil die Besitzungen sich

Bild: Bildschmuck in der Petrikirche von Wolgast

INSELTORE

meist in gräflichen Händen befanden. Schlösser und Herrenhäuser stehen hier viele, aber auch um Wolgast, ehemalige Residenz der pommerschen Herzöge, gibt es etliche davon.

ANKLAM

[110 C5–6] **Gern schmückt sich Anklam (15 800 Ew.) mit dem Beinamen Lilienthalstadt, wurde doch der berühmte Flugpionier am Peeneufer geboren.** 1283 trat Anklam der Hanse bei und umgab sich weiträumig mit der Landwehr, einem System von Wällen, Gräben und Warttürmen (15. Jh.). Einer dieser Warttürme steht noch an der B 109 in Richtung Pasewalk. Anklam, dessen Altstadt im Zweiten Weltkrieg zu 70 Prozent vernichtet wurde, ist Mittelpunkt einer landwirtschaftlich geprägten Region. An die Kriegsfolgen erinnert die gotische Nikolaikirche (14. Jh.): Nachdem die Ruine vor einigen Jahren gesichert wurde, nutzt man das Gotteshaus jetzt kulturell. Vom Krieg weitgehend verschont blieb die wuchtige backsteinerne Marienkirche (14./15. Jh.).

■ SEHENSWERTES ■

Insider Tipp
AERONAUTICON
Der frei zugängliche museumspädagogische Erlebnispark bietet auf dem Anklamer Flughafen Natur und Technik zum Anfassen. Nach Absprache ist noch viel mehr möglich. *An der B 109, Tel. 0371/25 99 87*

MUSEUM IM STEINTOR
Stadtgeschichte auf fünf Etagen des 32 m hohen spätgotischen Steintors (15. Jh.), des Wahrzeichens der Stadt. ❀ Wer 111 Stufen nach oben gestiegen ist, wird mit einer schönen Aussicht belohnt. *Mai–Sept. Di–Fr 10–17, Sa/So 14–17, Okt.–April Di bis Fr 10–16, So 14–17 Uhr | Schulstr. 1 | www.museum-im-steintor.de*

OTTO-LILIENTHAL-MUSEUM ★
Biografisch-technisches Museum, das den in Anklam geborenen Flugpionier Otto Lilienthal vorstellt. Es beherbergt die größte Sammlung seiner Flugapparate in Originalgröße. *Mai–Sept. Di bis Fr 10–17, Sa/So 14–17, Okt.–April Di bis Fr 10–16, So 14–17 Uhr | Ellbogenstr. 1 | www.lilienthal-museum.de*

■ ESSEN & TRINKEN ■

DABERS
Die Hausspezialität: gegrillte Medaillons von Pute und Schwein, überbacken und auf Bratkartoffeln mit Mandelbrokkoli und Champignons serviert. *So geschl. | Mägdestr. 1 | Tel. 03971/24 31 73 | €€*

Flugsegel im Otto-Lilienthal-Museum

■ ÜBERNACHTEN ■

HOTEL AM STADTWALL
Hotel garni mit 18 modernen, großen Zimmern im historischen Gebäude des Warmbades. *Demminer Str. 5 | Tel. 03971/83 31 36 | Fax 83 31 37 | www.hotel-am-stadtwall.de | €€*

■ FREIZEIT & SPORT ■

Insider Tipp
Abenteuer pur auf dem „Amazonas des Nordens", wie die Peene gern genannt wird, bietet die *Kanustation Anklam.* Kleine und große Entdecker gehen mit dem Kanu auf Reisen – im

gemieteten Boot auf eigene Faust oder im Rahmen einer organisierten Wanderung. *Tel. 03971/24 28 39 | www.kanustation-anklam.de*

■ AUSKUNFT
ANKLAM-INFORMATION
Markt 3 (im Rathaus) | 17389 Anklam | Tel. 03971/83 51 54 | Fax 83 51 75 | www.anklam.de

■ ZIELE IN DER UMGEBUNG
BÖMITZ [110 C2]
In einem 200 Jahre alten barocken Gutshaus entstand das kleine Landhotel *Rittergut Bömitz*. Im Restaurant *Jägerstube* gibt es u. a. Tagesgerichte ab 5,50 Euro. *20 Zi. und 3 Ferienwohnungen | Dorfstr. 14 | 17390 Bömitz | Tel. 039724/225 40 | Fax 225 41 | www.landhotel-boemitz.de | Restaurant € | Hotel €€ | 12 km*

STOLPE [110 A5]
Das Dorf hat mit dem 300 Jahre alten *Insider Tipp* *Fährkrug* eines der traditionsreichsten Gasthäuser des Landes, das weitgehend im ursprünglichen Zustand erhalten ist *(im Winter Di–Do geschl. | Dorfstr. 25 | Tel. 039721/522 25 | €)*. Nur einen Steinwurf entfernt, durch das Schutzdach nicht zu übersehen, stehen die Reste des Klosters Stolpe, von dem die Christianisierung Vorpommerns ausging. Im Sommer verkehrt über die Peene eine *Insider Tipp* Personenfähre. In einer denkmalgeschützten Gutsanlage im englischen Landhausstil residiert das noble ★ *Hotel & Restaurant Gutshaus Stolpe (33 Zi. | Dorfstr. 37 | 17391 Stolpe | Tel. 039721/55 00 | Fax 550 99 | www.gutshaus-stolpe.de | €€€). 10 km*

WOLGAST
[106 C4–5] **Usedom ist über zwei Brücken mit Wolgast (13700 Ew.) verbunden; die Stadt bildet das nördliche Tor zur Insel.**
Wer sich für die Stadtgeschichte interessiert, aber keine Zeit für das Heimatmuseum findet: Am Brunnen (1936) vor dem Rathaus sind auf zehn Bildern bedeutende Ereignisse dargestellt. Wolgast hatte seine Glanzzeit im 18. und 19. Jh., als die Schiffe der Stadt über die Weltmeere segelten. Die barocken Kaufmannshäuser in der Burgstraße künden von dieser Zeit. Beim Bummel durch die Stadt, deren schachbrettartiger Grundriss seit dem Mittelalter nahezu unverändert blieb, werden Sie viele interessante Bauten entdecken.

MARCO POLO HIGHLIGHTS

★ **Otto-Lilienthal-Museum**
Das Museum in Anklam informiert über Leben und Werk des berühmten Flugpioniers (Seite 32)

★ **Petrikirche**
Fabelhafter Blick vom 56 m hohen Turm über Wolgast bis zur Insel Usedom (Seite 34)

★ **Stadtmuseum Wolgast**
Fischerteppiche und der nachgebildete Peenemünder Goldschatz (Seite 34)

★ **Hotel & Restaurant Gutshaus Stolpe**
Zimmer und Küche des noblen Hotels befriedigen auch hohe Ansprüche (Seite 33)

WOLGAST

■ SEHENSWERTES ■

MUSEUMSHAFEN

Das 1890 gebaute Eisenbahnfähr-schiff bekam im Museumshafen am Peeneufer seinen Ruheplatz. Der kleine Schlepper „Steppke" versah bis 1999 auf der Wolgaster Werft seinen Dienst, und ein Düngerflieger war 1968–89 im Einsatz. *Juni–Aug.*

RUNGEHAUS

Das Geburtshaus des frühromanti-schen Malers und Schriftstellers Philipp Otto Runge (1777–1810) bietet u.a. die Simulation der Runge-schen Farbkugeln. *Juni–Aug. Di–Fr 10–18, Sa/So 10–14, Sept.–Mai Di bis Fr 10–17, Sa 10–14 Uhr | Kron-wiekstr. 45*

Die Hebebrücke „Blaues Wunder" in Wolgast

Di–Fr 10–18, Sa/So 10–14, Sept. bis Mai Di–Fr 10–17, Sa 10–14 Uhr

PETRIKIRCHE ★

Gewaltiger, 600 Jahre alter spätgoti-scher Backsteinbau. In der seit 2006 ständig zugänglichen Kapelle der Pommernherzöge sind sieben Prunk-sarkophage zu besichtigen. ❖ Vom 56 m hohen Turm (184 Stufen) haben Sie einen herrlichen Rundblick.

Insider Tipp

STADTMUSEUM WOLGAST ★

Kaffeemühle nennen die Wolgaster ihr Stadtmuseum wegen der eigen-willigen Form. In einer Nachbildung ist u.a. der 1905 gefundene Peene-münder Goldschatz zu sehen. *Geöff-net wie Rungehaus | Rathausplatz 6*

TIERPARK TANNENKAMP

Ca. 400 Tiere tummeln sich auf dem Gelände. Attraktion: das Affengehe-

Insider Tipp

ge, in dem die ==Weißbüschelaffen== die Besucherlieblinge sind. *Mai–Sept. tgl. 9–18, Okt.–April 9–16 Uhr | Tannenkampweg | www.tierparkwolgast.de*

■ ESSEN & TRINKEN

ALTER SPEICHER
Maritimes Restaurant mit eigener Räucherei. *Tgl. | Hafenstr. 4 | Tel. 03836/20 59 94 | €*

FISCHER KLAUS
Fisch: gebraten, gedünstet und gekocht. *Tgl. | Hafenstr. 6 (in der Schlosspassage) | Tel. 03836/ 23 42 72 | €€*

ZUR SCHWEDENSCHANZE
Im Sommer Grillbüfett und Räucherfisch, im Winter anheimelnde Atmosphäre mit Kaminfeuer. *Okt.–April Do. geschl. | Dorfstr. 46a | Ortsteil Mahlzow | Tel. 03836/20 03 13 | €*

■ ÜBERNACHTEN

WEIDEHOF
Wohnen am Peenestrom. Reit- und Kutschpferde stehen bereit, Reitunterricht. *10 Zi. | Tannenkampweg 52b | Tel. 03836/23 40 20 | www.weidehof-wolgast.de | €*

■ AUSKUNFT

WOLGAST-INFORMATION
Rathausplatz 10 | 17438 Wolgast | Tel. 03836/25 12 15 | Fax 60 01 18 | stadtinfo@wolgast.de | www.wolgast.de

■ ZIELE IN DER UMGEBUNG

FREEST [106 B2]
In dem kleinen Hafen des Dorfes herrscht noch Fischeratmosphäre. Ein Teil des Fangs wird in der denk-

malgeschützten ==Fischräucherei== *Thurow* (Dorfstr. 49) geräuchert, der ältesten noch produzierenden an der Ostseeküste. In der *Heimatstube (Mai–Okt. tgl. 10–16, Nov.–April Di bis Sa 10–15.30 Uhr)* sind u.a. von Fischern geknüpfte Teppiche, allerlei Gerätschaften und ein 16 m langer Kutter zu sehen. Von Freest verkehrt eine Personenfähre nach Peenemünde *(www.schiffahrt-usedom.de)*. **Insider Tipp**

KATZOW [106 A5]
Auf einem 18 ha großen Areal in der Wiesenlandschaft zwischen Katzow und Pritzier sind mehr als 80 Skulpturen zu bewundern. Mit seinen Bildhauerworkshops erwarb sich der Skulpturenpark *(www.skulpturenpark-katzow.de)* breite Anerkennung. In der ▶▶ *Kulturscheune (tgl. 10–18 Uhr)* sind wechselnde Kunstausstellungen zu sehen. *6 km*

▶LOW BUDGET

▶ Im Restaurant *Zum alten Schweden* in Wolgast (Breite Str. 18 b | *www.zum-alten-schweden.de*) wird Mo–Fr ein ==Mittagsgericht für 3,70 Euro== angeboten. **Insider Tipp**

▶ Preisbewusste übernachten in den „Inseltoren" Anklam und Wolgast und fahren von dort nach Usedom. In Anklam bietet die *Hotel Pension Anklam (www.hotel-pension-anklam.de)* das Doppelzimmer ab 45 Euro an, in Wolgast gibt es dieses Angebot im *Hotel Petris Garten (www.hotel-petris-garten.de)* und im *Hotel Kirschstein (www.hotel-kirschstein.de)* Okt.–April Do–So für 50 Euro – und das mit Frühstück!

> MÖWEN, YACHTEN, FEINER SAND
Beschauliche Landschaften zwischen Ostsee,
Peenestrom und Achterwasser

> Der Strand ist vom Feinsten, puderzuckerweiß, ein endloser Buddelkasten, ein Paradies für Sonnenanbeter. Hinter den Dünen oder der Steilküste ziehen sich weite Felder oder Wald hin. Die Natur hat Usedoms Badeorte reich gesegnet.

In Zempin und Ückeritz, deren alte Ortskerne sich dem Achterwasser zuwenden, kreischen die Möwen, ziehen Fischadler ihre Kreise. Ruhe und Beschaulichkeit strahlen auch Koserow, Kölpinsee, Karlshagen und Trassenheide aus. Spielt das Wetter einmal nicht mit, kann man wandern oder radeln – zu kleinen Häfen, über die Halbinsel Wolgaster Ort zur Krumminer Wiek oder zur nahezu unberührten Südspitze des Gnitz. Die Orte im Norden Usedoms sind für jene das richtige Ziel, die vor allem Ruhe suchen. Die Ausnahme bilden Zinnowitz und Peenemünde. Zinnowitz hat sich mit der Ostseebühne und seinem Theater zum kulturellen

Bild: Strand bei Karlshagen

DER NORDEN

Zentrum entwickelt, Peenemünde zieht als Geburtsstätte der Weltraumfahrt jährlich Hunderttausende von Besuchern aus vielen Ländern an.

KARLSHAGEN

[107 D2–3] Laub- und Nadelwälder im Osten und Westen, die bis an die Dünen reichen, und im Süden moorige Wiesen: Das weiträumige Karlshagen (3000 Ew.) gehört zu den ruhigen Orten der Insel. Im modernisierten Hafen am Peenestrom herrscht Beschaulichkeit; Yachten und Fischerboote dümpeln an der Kaimauer. Von hier aus starten Fahrgastschiffe zur Oie und nach Ruden. Der Strand ist bis zu 50 m breit, fällt flach ins Meer und ist für einen Familienurlaub ideal.

An die Opfer des Haftlagers in Peenemünde erinnert die künstlerisch gestaltete Gedenkstätte (1970), ein etwa 3 m hohes Mosaik, an der

Hauptstraße Richtung Trassenheide. Bei Bombenangriffen der Alliierten am 17. und 18. August 1943 kamen mehr als 600 ausländische Arbeiter und 120 Deutsche ums Leben. Ihre letzte Ruhestätte fanden sie auf dem Friedhof nahe der Gedenkstätte.

Surfer hängen ihre Segel im Dünenwald von Karlshagen zum Trocknen auf

■ SEHENSWERTES

NATURSCHUTZZENTRUM INSEL USEDOM

Ausstellung u. a. zum Naturpark Usedom; beachtlich sind die Seevögelsammlung und das Diorama „Peenemünder Haken"; Vorträge über Naturthemen. *Di–So 10–16 Uhr | Dünenstraße | Tel. 038371/217 50*

■ ESSEN & TRINKEN

MEERESRESTAURANT DIE AUSTER

Frische Produkte, fundierte Kochkunst und eine Weinkarte mit 50 verschiedenen Sorten. *März–Okt. tgl. | Strandpromenade 1 (im Strandhotel) | Tel. 038371/26 90 | €€–€€€*

PEENEMÜNDER ECK

Kleiner, gemütlicher Gasthof mit schmackhafter Küche an der Straße nach Peenemünde. *Tgl. | Strandstr. 1 a | Tel. 038371/218 15 | www.peene muender-eck.de | €*

■ ÜBERNACHTEN

FLAIR HOTEL NORDKAP

Familiär geführtes Hotel mit 38 Zimmern, 9 Ferienwohnungen, Kegelbahn, Sauna, Wintergartenrestaurant. *Strandstr. 8 | Tel. 038371/550 | Fax 551 00 | www.hotel-nordkap.de | €€*

STRANDHOTEL 📶

Nur 80 m sind es von dem Firstclass-Hotel zum weißen Strand. Beliebt sind die 7 Maisonetten und die großen Giebelstudios mit Ostseeblick. *20 Zi. (alle Nichtraucherzimmer) | Nov.–Feb. geschl. | Strandpromenade 1 | Tel. 038371/26 90 | Fax 26 91 99 | www.strandhotel-usedom.de | €*

■ AUSKUNFT

KURVERWALTUNG

Hauptstr. 16 | 17449 Karlshagen | Tel. 038371/207 58 | Fax 285 37 | www.karlshagen.de

KÖLPINSEE

[108 B1–2] Bis zu 50 m breiter Strand, Wald, Ostsee und Achterwasser: Kölpinsee (1000 Ew.), das Seebad des Ortes Loddin, gilt als lauschiges Seebad für Ruhe Suchende und Naturliebhaber. Zum Idyll wurde der Kurpark mit der Konzertmuschel auf einer Anhöhe in Strand-

DER NORDEN

Angeln im Kölpinsee

nähe. Ihr zu Füßen liegt auch der See, der dem Ort den Namen gab, einst eine Bucht der Ostsee. Der historische Ortsteil Loddin erstreckt sich Richtung Achterwasser.

■ SEHENSWERTES

HEIMATSTUBE
Die Geschichte des Badeortes und Wissenswertes über alte Gewerke und das frühere Leben an der Ostsee. *Mi, So 15–17 Uhr | im Bahnhof*

■ ESSEN & TRINKEN

WATERBLICK
Insider Tipp

Fischrestaurant im Ortsteil Loddin mit selbst geräuchertem Fisch, selbst ge-

backenem Brot, „Loddiner Abendrot" vom eigenen Weinberg hinterm Haus und schönem Blick aufs Achterwasser. Zum Restaurant gehört die *Radeberger Queen*, eine schwimmende Fischgaststätte, die zu mehrstündigen Fahrten ausläuft. *Tgl. | Am Mühlenberg | Tel. 038375/202 94 | €€–€€€*

■ ÜBERNACHTEN

AQUARIUS
Neues Haus mit 15 Wohnungen (45–55 m^2 mit Küche). Besonders schön: von den Liegestühlen auf der Dachterrasse den Sonnenuntergang beobachten. *Am Achterwasser 4 (Ortsteil Loddin) | Tel. 038375/249 40 | Fax 249 41 | www.usedomferienwohnungen.de | €–€€*

SEESCHLÖSSCHEN
Freundlich eingerichtete Zimmer mit Balkon oder Terrasse in einem vor wenigen Jahren erbauten Haus. *15 Zi. | Strandstr. 15 | Tel. 038375/26 10 | Fax 26 14 | www.hotel-seeschloesschen-usedom.de | €€*

HOTEL ZUR OSTSEE
Familiäres Hotel mit modern eingerichteten Zimmern im Haus I. Wer preiswert wohnen möchte, bucht ein

MARCO POLO HIGHLIGHTS

Peenemünde
Geburtsstätte der Raumfahrt: einer der historisch brisantesten Orte in Deutschland (Seite 42)

★ **Atelier Otto Niemeyer-Holstein**
Das skurrile Zuhause des bedeutenden Landschaftsmalers am Achterwasser in Koserow (Seite 40)

★ **Südspitze Gnitz**
Halbinsel im Achterwasser: Entdeckungsreise in eine zauberhafte Landschaft (Seite 51)

★ **Schmetterlingsfarm**
Hunderte von tropischen Schmetterlingen tummeln sich in Trassenheide (Seite 44)

Zimmer im Haus II mit Etagendusche/WC. *24 Zi. | Strandstr. 14 | Tel. 038375/202 96 | Fax 201 33 | www. hotel-zur-ostsee.de | €–€€*

■ FREIZEIT & SPORT

Ruder-, Tret-, Motor- und Segelboote werden am Achterwasser in Loddin vermietet.

■ AUSKUNFT

TOURIST-INFORMATION

Strandstr. 23 (Haus des Gastes an der B 111) | 17459 Loddin | Tel. 038375/ 227 80 | Fax 22 78 18 | www.seebad-koelpinsee.de | www.seebad-loddin.de

KOSEROW

[108 A–B1] Die Ostsee und das Achterwasser sind beide zum Greifen nah. Koserow (1600 Ew.) mit seinen ein- und zweistöckigen Häusern liegt mit Zempin auf der schmalsten Stelle der Insel, angelehnt an den unter Naturschutz stehenden *Streckelsberg*, von dessen Steilufer sich ein weiter Blick aufs Meer bietet. Im Frühling bedeckt ein bezaubernder blauer Teppich aus Leberblümchen den Boden des Buchenwaldes. 4 km vor dem Streckelsberg soll im Meer die sagenhafte Stadt Vineta untergegangen sein, erkennbar an der schäumenden Brandung des Vineta-Riffs. Wilhelm Meinhold ließ hier seine „Bernsteinhexe" viele der gelben Schmucksteine finden. 1993 wurde die 261 m lange Seebrücke eingeweiht, seitdem kann die Küste auch von See aus bewundert werden. Der Strand ist 50 m breit und hat einen ausgedehnten Steilküstenabschnitt, erst nach etwa 30 m ist eine Wassertiefe von einem Meter erreicht.

■ SEHENSWERTES

ATELIER OTTO NIEMEYER-HOLSTEIN ★

Wo sich Ostsee und Achterwasser fast berühren, ließ sich der Maler Otto Niemeyer-Holstein nieder und baute ab 1933 sein skurriles Zuhause um einen ausrangierten S-Bahn-Wagen herum. Nach dem Tod des Altmeisters der norddeutschen Landschaftsmalerei 1984 blieb „Lüttenort", so taufte es der Künstler, seinem Wunsch entsprechend unverändert erhalten. Mittwochs *(18 Uhr)* Vorführung des Films „... und der Strand ist meine große Geliebte". *Garten/Galerie Mitte April–Mitte Okt. tgl. 10–18, Führungen (Wohn- und Arbeitsbereich) 11, 14, 15, Mitte Okt.–Mitte April Mi/ Do, Sa/So 10–16, Führungen 11, 12, 14 Uhr | Tel. 038375/202 13 | www. atelier-otto-niemeyer-holstein.de*

Inside Tipp

KIRCHE

Im Sommer wird die von Kastanien umgebene Kirche auch für Lesungen und Konzerte genutzt. Das Gotteshaus wurde um 1300 aus Feldsteinen errichtet; das Langschiff und der Turm sind Zugaben des 15. Jhs. *Pfingsten bis Sept. tgl. 16–18 Uhr | Fischerstraße*

SALZHÜTTEN

Um 1820 entstanden die ersten rohrgedeckten Lagerhütten am westlichen Strand von Koserow. Um 1900 gab es 15 Salzhütten (wegen des Konservierungsmittels Salz), heute sind 6 rekonstruierte zu sehen, die als Gaststätte, Museum und Laden genutzt werden.

UNS FISCHERS ARBEITSHÜTT

Hier finden nur eine Hand voll Besucher Platz: originelles Minimuseum in einer der historischen Salzhütten. *Mai–Sept. Sa–Do 10–15 Uhr*

ESSEN & TRINKEN

CAFÉ MORITZ

Selbst gebackener Kuchen, Eis, Snacks. *Tgl. | Hauptstr. 46b | Tel. 038375/242 68 | www.cafe-moritz.de*

Luft, denn drinnen wird es schnell eng. *Tgl. | am Strand bei der Seebrücke | Tel. 038375/206 80 | €€–€€€*

EINKAUFEN

Eine der Salzhütten wandelte sich zu einem Souvenirgeschäft. In der Nachbarschaft verkauft *Udos Fisch-*

Wie eine steinerne Arche: die Kirche von Koserow

HANSE KOGGE

Eine lohnende Essadresse. Besonders lecker: Entenbraten auf pommersche Art – gefüllt mit Äpfeln und Backpflaumen. *Tgl. | Hauptstr. 22 | Tel. 038375/26 00 | €–€€*

KOSEROWER SALZHÜTTE

Eine sichere Adresse für frischen und leckeren geräucherten Fisch in einer der rekonstruierten Salzhütten. Bei schönem Wetter stellt man Tische auch nach draußen an die frische

räucherei, was die Fischer des Ortes angelandet haben.

ÜBERNACHTEN

HOTEL NAUTIC

Zentrale Lage in Ortsmitte. Internetfreaks sind hier richtig: Die Zimmer werden auf Wunsch mit PC und Internetzugang ausgestattet. Pool mit Gegenstromanlage, Sprudelbank und Wasserfall. *50 Zi. | Triftweg 4 | Tel. 038375/25 50 | Fax 255 55 | www. nautic-usedom.de | €€*

Insider Tipp

TREFF FERIENPARK USEDOM

Sechs skandinavische Ferienhäuser mit 67 Wohnungen (50–100 m² für 2–6 Pers.), teilweise mit eigener Sauna. Das Hallenbad garantiert wetterunabhängigen Urlaubsspaß. *Siemensstraße | Tel. 038375/550 | Fax 551 00 | www.treff-ferienpark.de | €€*

Insider Tipp

■ FREIZEIT & SPORT ■

Boote aller Art werden im Sommer *(Mai–Sept.)* am *Achterwasser* vermietet. Von der Seebrücke legen Schiffe nach Zinnowitz, Heringsdorf, Swinemünde und Misdroy ab *(Tel. 038378/ 477 90 | www.adler-schiffe.de)*.

■ AUSKUNFT ■

KURVERWALTUNG

Hauptstr. 34 | 17459 Koserow | Tel. 038375/204 15 | Fax 204 17 | www. seebad-koserow.de

PEENEMÜNDE

[106 C2] ⭐ In Peenemünde (500 Ew.) ließ Hitler seine Heeresversuchsanstalt errichten, das seinerzeit modernste und größte Hightechzentrum Europas. Unter äußerster Geheimhaltung arbeiteten hier etwa 15 000 Menschen unter der wissenschaftlichen Leitung von Wernher von Braun an der Entwicklung und Erprobung neuer Waffensysteme. In Peenemünde entstand die erste automatisch gesteuerte Flüssigkeitsgroßrakete der Welt, die A 4.

Die ab Dezember 1942 in Serie hergestellten Raketen, ab Frühjahr 1943 in den Medien als „Vergeltungswaffen" propagiert, wurden vor allem in Angriffen auf London, Antwerpen, Lüttich und Rotterdam eingesetzt. Der Norden Usedoms ist die Geburtsstätte einer der grausamsten Waffen des Zweiten Weltkriegs, der V 2, die aber auch als Vorläufer aller Raumfahrtträgerraketen gilt. Von Hitlers Raketenschmiede ist jedoch nicht mehr viel zu sehen; die Sowjetarmee hat nach 1945 den größten Teil der Anlagen gesprengt. Das Potsdamer Abkommen hatte festgelegt, alle Rüstungsbetriebe zu zerstören. Dem Dynamit trotzten lediglich die starken Mauern des Sauerstoffwerks, das heute noch als Ruine in den Himmel ragt. In diesem Bauwerk wurde der für den Start der „Wunderwaffen" benötigte Flüssigsauerstoff produziert. Ebenfalls aus nationalsozialistischer Zeit stammt das gewaltige, damals modernste Kraftwerk Europas (1939–42), das bis 1990 Energie erzeugte. Die Bundesmarine beendete 1996 die 60-jährige Militärpräsenz im Ort Peenemünde.

■ SEHENSWERTES ■

HISTORISCH-TECHNISCHES INFORMATIONSZENTRUM

Die Ausstellung im ehemaligen Kraftwerk der Heeresversuchsanstalt, selbst ein bedeutendes technisches Denkmal, dokumentiert die Arbeit der Peenemünder Raketenforscher, die verheerenden Folgen der neuen Waffen sowie deren Weiterentwicklung bei Militär und Raumfahrt nach dem Zweiten Weltkrieg. Im Freigelände steht in Originalgröße von 14 m ein Modell der legendären V 2. Ausgestellt sind auch Jagdflugzeuge und Hubschrauber der NVA sowie (am Hafen) das in der Sowjetunion gebaute 56 m lange Raketenschiff „Tarantul". *April–Okt. tgl. 9–18 (Okt. ab 10), Nov.–März Di–So 10–16 Uhr*

| Im Kraftwerk | Tel. 038371/50 50 |
www.peenemuende.de

PHÄNOMENTA
Physikalische Experimente aller Art.
Mitte März–Okt. tgl. 10–18, Weih-
nachten, Neujahr, Winterferien tgl.
10–16 Uhr | Museumsstr. 12 | Tel.
038371/260 66 | www.phaenomenta-
peenemünde.de

POMMERSCHES BETTENMUSEUM
Alles rund ums Bett, vom historischen Nachtgeschirr bis zur Nacht-
kleidung; auch Erotisches wird ge-
zeigt. Am Flugplatz | April–Okt. tgl.
10–18 Uhr

SCHIFFSVETERANEN
Den Hafen beherrscht das einstmals
größte dieselbetriebene U-Boot der
Welt. Den 1965 erbauten stählernen
Riesen von 86 m Länge musterte die
russische Kriegsmarine 1994 aus.
(Juli/Aug. tgl. 9–21, Sept.–Juni 10 bis
18 Uhr). Daneben wurde „Taucher
II.“ vertäut, ein 1959 von der Volks-
marine der DDR in Dienst gestelltes
Taucherhilfsschiff (www.taucher2.
de). Aus der Räuchertonne auf Deck
wird in der warmen Jahreszeit täglich
frisch geräucherter Fisch verkauft.
Zu sehen ist noch der 1877 gebaute
Dreimastschoner „Vidar“, der als
Gaststättenschiff genutzt wird.

SPIELZEUGMUSEUM
Spielsachen aus drei Jahrhunderten;
der überwiegende Teil stammt aus
der traditionsreichen Spielzeugma-
chergegend Sonneberg in Thüringen.
Mai–Sept. tgl. 9.30–18 Uhr | Mu-
seumsstr. 14 | Tel. www.spielzeugmu
seum.peenemuende.info

■ ESSEN & TRINKEN ■
AM DEICH
Etwa 80 verschiedene Kaffeespezia-
litäten, hausgebackener Kuchen, Eis
und kleine Snacks. Tgl. | Feldstr. 1 |
Tel. 038371/285 82

Peenemünde: Rakete und Mahnmal

DIE FLUNDER
Schmackhafte Fisch- und Grillge-
richte bestimmen die Karte. Tgl. |
Hafenpromenade 7 | Tel. 038371/
219 95 | €€

Prachtexemplar der Schmetterlingsfarm

liegt etwa 1,5 km landeinwärts, vom Meer durch einen breiten Streifen Misch- und Nadelwald getrennt. In Richtung Karlshagen zieht sich das große Trassenmoor hin, eine herbe, reizvolle Moorlandschaft mit seltenen Pflanzen. Der Trassenheider Strand ist bis zu 50 m breit und flach abfallend, ideal für Familien.

■ SEHENSWERTES

SCHMETTERLINGSFARM ★
Tropische Schmetterlinge aus Asien und Südamerika tummeln sich inmitten exotischer Pflanzen. Im Insektenmuseum ist auch der *Ataacus atlas* zu sehen, mit einer Spannweite von 28 cm einer der größten Schmetterlinge der Erde. *Tgl. 10–19 Uhr (Einlass bis 18 Uhr) | Wiesenweg 5 | www. schmetterlingsfarm.de/usedom.htm*

■ ESSEN & TRINKEN

GASTHAUS ZUM BAHNHOF
Einfache, schmackhafte Gerichte zu günstigen Preisen. *Tgl. | im Bahnhof Trassenheide | Tel. 038371/204 12 | €*

■ ÜBERNACHTEN

FRIESENHOF
Das rohrgedeckte Hotel mit Reithalle und Reitplatz hat sich vor allem bei Pferdefreunden rasch einen Namen gemacht. *23 Zi. | Bahnhofstr. 48 | Tel. 038371/26 10 | Fax 261 11 | www. friesenhof-trassenheide.de | €*

KALIEBE
Modernisiertes Hotel mit gutem Restaurant. 3 Min. zum Strand. *6 finnische Blockhäuser (bis zu 6 Personen) | 35 Zi., 8 Fewo. | Zeltplatzstr. 5 | Tel. 0800/52 54 23 | Fax 038371/522 99 | www.kaliebe.de | € – €€*

■ ÜBERNACHTEN

RESIDENZ „AM PEENEPLATZ 4–5"
15 Apartments und 7 Ferienwohnungen nahe des Peenestroms, Grillplatz sowie ein Spielplatz für Kinder. *Tel. 038371/555 28 | Fax 555 29 | www. residenz-peeneplatz.usedom.de | €*

■ AUSKUNFT

PEENEMÜNDE-INFORMATION
Zum Hafen 4 | 17449 Peenemünde | Tel./Fax 038371/214 64 | www.peene muende-info.de

TRASSENHEIDE

[107 D3] Heide, Kiefern, Dünen und viele Einfamilienhäuser garantieren Ruhe und Entspannung. Trassenheide (900 Ew.)

WALDHOF HOTEL

Genau richtig für all jene, die lieber den Wald als das Meer rauschen hören. Die fünf getrennt stehenden Häuser im Landhausstil und das rohrgedeckte Hotelrestaurant liegen in einem Waldgelände abseits vom Bäderbetrieb, bis zum Strand sind es etwa 15 Minuten. Originell und bequem: Im Sommer bringen Pferdewagen die Gäste zum Strand. *80 Zi. | 25 Ferienwohnungen | Forststr. 9 | Tel. 038371/500 | Fax 205 61 | www.waldhofhotel.de | €€*

■ AUSKUNFT ■

TOURIST-INFORMATION

Strandstr. (im Haus des Gastes) | 17449 Trassenheide | Tel. 038371/ 209 28 | Fax 209 13 | www.seebad-trassenheide.de

■ ZIELE IN DER UMGEBUNG ■

BANNEMIN [107 D4]

In dem Dorf an der B 111 arbeiten Hartmut Schuhmacher mit Holz und Anette Schröder mit Ton. In einer kleinen Galerie verkaufen die beiden Künstler ihre Arbeiten *(Zinnowitzer Str. 10).* Der *Reiterhof Bannemin (www.Reiterhof-Bannemin.v-vp.de)* bietet Reitunterricht sowie Kutsch- und Kremserfahrten. In der Showveranstaltung „Pferdetheater" *(Juli/Aug. Mo, Mi 19.30 Uhr)* zeigen die Pferde, was sie alles gelernt haben. *2 km*

Insider Tipp

MÖLSCHOW [107 D4]

In dem kleinen Dorf entstand im ehemaligen Gutshaus der *Kulturhof* mit verschiedenen Ausstellungen. In den einstigen Pferdestall zog der deutsch-polnische Jugendhandwerkerhof, in

> BLOGS & PODCASTS

Gute Tagebücher und Files im Internet

> *www.Mvweb.de/weblog/* – Neuigkeiten aus Mecklenburg-Vorpommern: Den Newsletter mit Infos rund um das Bundesland und Veranstaltungstipps gibt es immer montags, danach sind dann die Kommentare und Meinungen zu lesen.

> *http://blogs.ostsee-zeitung.de/* – Im Blog der Ostseezeitung bieten verschiedene Rubriken, z.B. Reise & Tourismus, Ausgehen & Feiern, Sport & Freizeit, vielfältige Foren zur eigenen Meinungsäußerung.

> *http://usedom-guide.de* – Gut gemachter Auftritt mit Blogs sowie Inselnews, Tipps zu Ausflügen auf der

Insel und einem Urlaubsknigge.

> *www.ndr.de/podcastlink/ndr1radio mv_kiekmalan.xml.* – Kult sind in Mecklenburg-Vorpommern die niederdeutschen Kurzgeschichten von dem Lebenskünstler Rolf und dem korrekten Beamten Jürgen, die unter „Kiek mal an" bekannt geworden sind und beim NDR als Podcast geladen werden können.

> *www.ndr.de/podcastlink/ndrinfo_ nachrichten.xml.* – Wer ständig auf dem Laufenden sein möchte, holt sich die aktuellen regionalen Nachrichten „Info aktuell" auf seinen PC oder MP3-Player.

Für den Inhalt der Blogs & Podcasts übernimmt die MARCO POLO Redaktion keine Verantwortung.

dem die Kreativwerkstatt u. a. Bastelstunden anbietet *(beide Mai–Okt. Mo–Fr 10–18, Sa/So 11–18, Nov. bis April Di–Fr 10–16, Sa 11–16 Uhr).* Der *Landwirtschaftliche Erlebnisbereich* zeigt historische Werkzeuge und Hausrat vom Bauernhof, landwirtschaftliche Maschinen sowie einen Bauerngarten *(Mai–Okt. Mo–Fr 10–18, Sa/So 11–18 Uhr). 3 km*

WOLGASTER ORT [106–107 C–D 4–5]

Die flache Halbinsel Wolgaster Ort gehört zu den ruhigen Ecken Usedoms. Interessant ist die Kirche in *Krummin* (220 Ew.), das einzige klösterliche Gebäude auf Usedom, das erhalten geblieben ist. Nach Krummin führt von der B 111 eine prachtvolle, von etwa 300 Linden gesäumte Allee. Sie ist 1,7 km lang und steht unter Naturschutz. Fischesser fahren weiter nach Neeberg an der Krumminer Wieck in die Gaststätte *Fischstübchen (April–Okt. tgl., Nov. bis März nur Sa/So | Tel. 03836/60 33 22 | €€).* In einem alten Bauernhof etablierte sich die ▶▶ *Kleine Galerie im Hühnerstall (Juli/Aug. tgl. geöffnet, sonst meist am Wochenende | Dorfstr. 10).* Im Angebot sind vorwiegend Landschaftsbilder, Collagen aus Papier, Seide, Stoff, Tempera und Öl sowie Kunsthandwerkliches.

Insider Tipp

ÜCKERITZ

[108 B2] Hektische Betriebsamkeit und extravagantes Leben gibt es in Ückeritz (1000 Ew.) nicht. Der Ort hat mit dem historischen, dem Achterwasser zugewandten Teil viel von seinem dörflichen Gepräge erhalten. Zum Strand führt eine 1,5 km lange Straße durch Buchen- und Kiefernwald, am Anfang befindet sich ein gebührenfreier Parkplatz, kurz vor dem Strand einer, auf dem ein Parkscheinautomat bedient werden muss. Der Strand ist ca. 35 m breit. Nichtschwimmer können hier unbesorgt bis zu 30 m weit ins Wasser laufen. Das beschaulichste Fleckchen von Ückeritz liegt am ☀ Achterwasser. Südlich davon, im Hafen Stagnieß bei Neu Pudagla, legen Schiffe zu Rundfahrten auf dem Achterwasser ab.

■ SEHENSWERTES

USEDOMER GESTEINSGARTEN

Ca. 140 Findlinge sind hier aufgereiht. Die Gletscher der letzten Eiszeit haben sie vor über 12 000 Jahren aus Skandinavien mitgebracht. *Südlich von Ückeritz am Forstamt Neu Pudagla bei der B 111 | frei zugänglich*

■ ESSEN & TRINKEN

DEUTSCHES HAUS

Insider Tipp

Gute regionale Küche. *Di geschl. | Nebenstr. 1 (100 m von der B 111) | Tel. 038375/209 40 | €€*

STRANDCAFÉ UTKIEK

Frischer Ostseefisch und hausgemachter Kuchen. Gebratene Heringe, so viel Sie mögen, mit Bratkartoffeln und Salat für 7,40 Euro. *Tgl. | Am Strand | Tel. 038375/204 08 | €*

Insider Tipp

■ ÜBERNACHTEN

HOTEL GARNI NUSSBAUMHOF

Familienfreundliches Haus, toll die Maisonettezimmer Nr. 12 und 15. Vom Kaminzimmer schöner Blick auf das Achterwasser. *15 Zi. | Feldstr. 2 | Tel. 038375/23 80 | Fax 238 88 | www.nussbaumhof.de | €€*

■ FREIZEIT & SPORT ■

Nervenkitzel pur bietet der *Kletterwald* am Forstamt Neu Pudagla; fünf verschiedene Parcours mit über 70 Kletterelementen. *Ende März–Okt. tgl. | www.kletterwald-usedom.de*

In dem ruhigen Ort (800 Ew.) hat sich etliches vom einstigen Fischerdorf erhalten, so die Reste alter Salz- und Heringspackhütten. Sie verstecken sich am westlichen Ende des Hauptzugangs zum Strand in den

Sonnenbad mit Fischkutter am Strand von Zempin

■ AUSKUNFT ■

TOURIST-INFORMATION
Bäderstr. 5 (Haus des Gastes) | 17459 Ückeritz | Tel. 038375/25 20 | Fax 252 18 | www.ueckeritz.de

ZEMPIN

[107 F4] Zempin ist das kleinste Seebad auf Usedom und hat den kürzesten Weg von der Ostsee zum Achterwasser. Gerade eben noch am Strand, können Sie kurz darauf den Sonnenuntergang am Achterwasser beobachten.

Dünen. Der Strand ist 30 m breit. Der alte Dorfkern mit rohrgedeckten Häusern liegt dem Achterwasser zugewandt. Wer Abendunterhaltung sucht, hat sich mit Zempin in der Wahl seines Urlaubsziels vergriffen. Nur in der Saison finden ab und zu Kulturveranstaltungen statt, vor allem in der neuen Konzertmuschel.

■ SEHENSWERTES ■

UNS OLLE SCHAUL
Im Blickpunkt des kleinen Museums im einstigen Gebäude der Zempiner

Grundschule steht die Einrichtung des Zempiner Kolonialwarenladens von 1928 – seinerzeit Strandstr. 6 – in dem bis 1996 noch verkauft wurde. *Mai–Sept. Mi, Sa 15–18 Uhr | Fischerstr. 11*

■ ESSEN & TRINKEN
KONDITOREI-CAFÉ EICHHORST
Kuchen und auch Eis kommen aus eigener Herstellung. *Tgl. | Haupt-/Ecke Fischerstraße | Tel. 038377/415 13*

SEEADLER
In dem kleinen, freundlichen Restaurant gibt es gutbürgerliche Küche. *Tgl. | Seestr. 7 | Tel. 038377/426 15 | €*

■ ÜBERNACHTEN
INSELHOF
Modernisierter Ferienpark am Achterwasser mit Restaurant, ideal für Familien. *71 Nichtraucher-Ferienwohnungen und Ap. | Dorfstr. 6a | Tel. 038377/427 49 | Fax 413 32 | www.inselhof.de | €€*

PENSION HUBERTUS
Ruhige Lage am Wald nahe zum Strand, kleiner Hofgarten. *9 Zi., 1 Fewo. | Waldstr. 21 | Tel. 038377/422 16 | Fax 354 66 | www.insel-usedom.net/pensionzempinhubertus.htm | €*

■ FREIZEIT & SPORT
PUPPENBÜHNE SONNENBERG
Zweimal in der Woche begeistern die Figuren Brille, Spinne, Piek und der Stachelbär die Urlauberkinder. Gespielt wird im Freien unter Sonnensegeln. *Mai–Aug. | Rieckstr. 8a | Tel. 0177/840 43 96 | www.puppenbuehne-sonnenberg.de*

■ AUSKUNFT
FREMDENVERKEHRSAMT
Fischerstr. 1 | 17459 Zempin | Tel. 038377/421 62 | Fax 424 15 | www.seebad-zempin.de

ZINNOWITZ
[107 E3–4] Das größte Seebad (3700 Ew.) im nordwestlichen Teil der Insel ist von Laub- und Kiefernwald umgeben. Die Strandpromenade mit viel Grün, weißem Musikpavillon und Rosenrondell gehört zu den besonders schönen auf Usedom. Auf ihr und der 315 m langen Seebrücke wird mit Vorliebe promeniert. Wem es im Sommer zu warm wird, der zieht sich zu einem Spaziergang in den Stadtpark mit seinen Schatten spendenen Bäumen zurück. Der Badetourismus begann in Zinnowitz Ende des 19. Jhs.; das

> **LOW BUDGET**

Insider Tipp

> ▶ Im romantischen Hotel Preußenhof in Zinnowitz (*www.schoener-inseln.de*) direkt an der Seebrücke First Class zum Schnäppchenpreis wohnen und für das Doppelzimmer mit Frühstück nur 55 Euro zahlen. Dieses tolle Angebot offerieren auf Usedom rund 20 weitere Hotels von Mitte Oktober bis vor Weihnachten und Anfang Januar bis Mitte April.
> ▶ Das Deutsche Haus in Ückeritz bietet ein täglich wechselndes Mittagsmenü für nur 5 Euro an.
> ▶ Keinen Eintritt verlangen das Museum Uns olle Schaul in Zempin und der Gesteinsgarten in Ückeritz.

Bäderarchitektur vom Feinsten: weiße Villen an der Strandpromenade von Zinnowitz

Warmbad, heute Sitz der Tourist-Information, wurde 1892 erbaut. Der *Glienberg* schützt Zinnowitz vor den rauen Nord- und Ostwinden. Der bis zu 40 m breite Sandstrand verläuft flach ins Meer und ist ideal für Kinder. Der alte Ortsteil mit dem ältesten Haus (Mitte 18. Jh., *Neuendorfer Weg 21*) liegt jenseits der B 111.

▪ SEHENSWERTES

BÄDERARCHITEKTUR
Pensionen und Hotels im Stil der Bäderarchitektur bestimmen weitgehend das Bild von Zinnowitz. Besonders schöne Häuser stehen an der *Strandpromenade,* in der *Dünen-* und in der *Neuen Dünenstraße.* Aus der Zeit der Badgründung stammt das backsteinerne, ehemalige *Warmbad* an der Ecke *Neue Seestraße/Dünenstraße* (heute „Haus des Gastes").

HEIMATMUSEUM
Amüsantes und Nachdenkliches aus der Zinnowitzer Badegeschichte. *Mo –Fr 13–17, Sa/So 15–18 Uhr | im Bahnhof*

TAUCHGONDEL
2,5 m tief senkt sich die Gondel, ein Ufo-ähnliches Ungetüm, das viele Besucher anzieht. Gezeigt wird u. a. ein 3-D-Film, in dem Haie und Seeschlangen auf die Besucher zuschwimmen. *Juni–Aug. tgl. 10 bis 21.30, Sept.–Mai tgl. 10 Uhr bis Einbruch der Dunkelheit | am Ende der Seebrücke | www.tauchgondel.de*

▪ ESSEN & TRINKEN

KARTOFFELBURG
Hier gibt's die Kartoffel in allen nur denkbaren Variationen. *Tgl. | Dünenstr. 36 | Tel. 038377/35843 | €*

MUSEUMSCAFÉ
Atmosphäre der Kaiserzeit. *Tgl. | Neue Strandstr. (im Hotel Preußenhof) | Tel. 038377/409 33 | €€ – €€€*

ZUM SMUTJE
Fangfrische Fischspezialitäten. Besonders lecker: Jasmunder Fischtopf (gedünstete Seefischfilets auf Wurzelgemüse mit Kräutersoße). *Tgl. | Vinetastr. 5 a | Tel. 038377/415 48 | €€*

EINKAUFEN

Die Hauptgeschäftsstraße ist die *Neue Strandstraße* in der Ortsmitte von Zinnowitz. Vor allem Künstler des Nordens zeigen ihre Arbeiten im *Usedomer Kunsthaus* von Brigitte und Reinhard Meyer in der *Wilhelm-Potenberg-Str. 1 (Di–Fr 14–18, Sa 10–12 Uhr)*.

ÜBERNACHTEN

HOTEL ASGARD MIT APARTMENTHAUS MEERESWARTE

Das schicke, familiengeführte Haus liegt direkt an der Strandpromenade von Zinnowitz. *34 Zi. und 50 Apartments | Dünenstr. 20 | Tel. 038377/46 70 | Fax 46 71 24 | www.hotelasgard. de | €€–€€€*

PARKHOTEL AM GLIENBERG

Abseits vom Strandtrubel wird in ruhiger Lage ein gehobenes Niveau geboten. Neu ist der schöne Wellnessbereich mit Hallenschwimmbad und finnischer Sauna. *38 Zi. | Glienbergweg 10 | Tel. 038377/720 | Fax 724 34 | www.parkhotel-am-glien berg.de | €€*

STRANDPALAIS ZINNOWITZER HOF

Herrschaftlicher Prachtbau an der Strandpromenade. *19 Ap. | Tel. 038377/390 | Fax 395 10 | www. schoener-inseln.de | €€–€€€*

FREIZEIT & SPORT

Auf der Westpromenade die *Kinderfreizeitanlage*, *Minigolf* in der Dünenstraße, 5 *Tennisplätze* an der Ecke See-/Waldstraße. In der *Bernsteintherme (tgl. | www.bernsteintherme. de)* werden den Gästen u.a. ein 800 m² großer Schwimmbereich mit Meerwasser, ein Solebad mit 32 Grad warmem Wasser sowie eine Kegelbahn geboten. Wer sich sportlich betätigen möchte, ist im *Sportpark barge (Möskenweg)* richtig: Gymnastik, Tennis, Tischtennis, Kegeln, Badminton und Squash. Von der Seebrücke legen Schiffe nach Koserow, Heringsdorf, Swinemünde und Misdroy ab *(Tel. 038378/477 90 | www. adler-schiffe.de)*.

AM ABEND

Die *Vineta-Festspiele*, eine multimediale Theatershow der Vorpommer-

> DIE ASPHALTBLASE
Kult: Inselrundfahrten mit dem DDR-Zweitakter

▶▶ Auf Usedoms Straßen knattert noch häufiger als anderswo der DDR-Zweitakter Trabant. Das stinkende Kleinauto mit seiner Plastikkarosserie wurde geliebt, beschimpft und belächelt. Von „Asphaltblase" über „Fahrpappe" und „Plastebomber" bis zu „Gehhilfe" reichten die Kosenamen. Das Unternehmen *Fun car rent* hat in Bannemin an der B 111 (www.trabimieten.de) eine Trabiflotte stationiert; die Nachfrage ist enorm. Vornehmlich junge Touristen unternehmen als Feriengag eine Spritztour. Auch Hochzeitspaare fahren gern mit dem Trabi vor das Standesamt. Wer das Auto wohlbehalten zurückbringt, erhält folgendes Zertifikat: „Hiermit wird bestätigt, dass es gelungen ist, eines der letzten Abenteuer auf Deutschlands Straßen zu bestehen."

Auf der Halbinsel Gnitz: Ausblick vom Weißen Berg

schen Landesbühne Anklam, erzählt Episoden aus der Geschichte der legendenumwobenen Stadt. Gespielt wird von Mitte Juni bis Anfang September dienstags, donnerstags und samstags 20 Uhr auf der 1200 Zuschauer fassenden *Ostseebühne.* Aus einer alten Strandkorblagerhalle entstand *Die Blechbüchse – das gelbe Theater,* in dem ganzjährig gespielt wird. Im ▶▶ *Hühnerstall* im *Sportpark barge* ist von Mittwoch bis Sonntag ab 21 Uhr etwas los: Singlenacht, Die Ultimative Tanznacht, Oldie-Night und mehr. Möchten Sie in luftiger Höhe in der *Sinatra Cocktail-Bar* (*Dünenstr. 20*) den Tag ausklingen lassen, empfiehlt sich Platzreservierung.

■ AUSKUNFT

KURVERWALTUNG
Neue Strandstr. 30 (im Haus des Gastes) | 17459 Ostseebad Zinnowitz | Tel. 038377/49 20 | Fax 422 29 | www.zinnowitz.de

■ ZIEL IN DER UMGEBUNG

HALBINSEL GNITZ   [107 D–E 5–6]
Der Gnitz teilt das Achterwasser (85,5 km^2) von der Krumminer Wiek (14,9 km^2) im Westen. In *Lütow* befindet sich das einzige jungsteinzeitliche Großsteingrab der Insel. Besonders bei Familien beliebt ist das *Ferienparadies Lütow* mit 80 m^2 großen Ferienwohnungen (für max. 5 Personen) in 44 Doppelhaushälften. Das Hallenbad (20×10 m) mit Saunaoase und die zwei Tennisplätze mit Flutlicht dürfen auch Nichtgäste der Ferienanlage nutzen *(Tel. 038377/ 49 30 | Fax 493 19 | www.ferien-para dies.de | €€).*

Der Süden der Halbinsel mit dem 32 m hohen *Weißen Berg* wurde zum Naturschutzgebiet ★ *Südspitze Gnitz* erklärt: eine Steilküste, in der Uferschwalben nisten, Wald, Feuchtwiesen, Wassertümpel, Brombeeren und Wacholder sowie Schwäne, Hasen und scharenweise Möwen prägen diese vielgestaltige Landschaft. *4 km*

> STRANDTRUBEL UND LANDIDYLL

Von den Kaiserbädern zu den stillen Dörfern im Achterland

> **Rund 8 km zieht sich die Strandprome-
nade hin, nahtlos verbindet sie Bansin,
Heringsdorf und Ahlbeck, die drei von Tou-
rismusmanagern gern so genannten „Kai-
serbäder".**

Und die werbeträchtige Bezeichnung
ist nicht einmal hochgestapelt: Nach
Heringsdorf kam der Kaiser nach-
weislich viele Jahre zum Tee, in Bansin hat er (vielleicht) einmal vorbei-
geschaut, in Ahlbeck, das liegt
Schwarz auf Weiß vor, ließ er sich

auf der Seebrücke fotografieren.
Zum Usedomer Wahrzeichen wurde
das hölzerne Seebrückengebäude jedoch, weil es das älteste an der Ostseeküste ist.

Die Noblesse und der architekto-
nische Prunk wirken bis heute anziehend, die Liste der berühmten Gäste
ist bis in die Gegenwart lang. Auf
den Seebrücken bummelt man über
den Ostseewellen und schaut dem
Strandtrubel zu. Dazu kommen das

Bild: Blick vom Ahlbecker Strand auf die Seebrücke Heringsdorf

DER SÜDEN

Kurkonzert, der Kaffeehausbesuch oder ein Tennismatch – das Motto vieler lautet hier: sehen und gesehen werden. Wer es ruhiger mag, sucht das Hinterland auf, fährt nach Benz, Morgenitz, Kamminke oder in den Lieper Winkel. Usedom ist mit romantischen Fleckchen wahrlich reich beschenkt: malerische Buchten und stille Seen, dazwischen Dörfer mit steinalten Kirchen und rohrgedeckten Häuschen.

AHLBECK

 KARTE IN DER HINTEREN UMSCHLAGKLAPPE

[109 E4–5] Das Seebad (3400 Ew.) hat teilweise städtischen Charakter. Von der Seebrücke bietet sich ein fabelhafter Blick über den weißen, breiten Sandstrand zu den hinter Bäumen versteckten Hotels und Pensionen an der Promenade. Der Weg führt westwärts nach Heringsdorf, ostwärts geht er in den Dünen-

AHLBECK

Das luftige Touristenbähnchen rollt über die Promenade von Ahlbeck

wald über. Wenn der Wind günstig steht, vermischt sich das sanfte Meeresrauschen mit den Klängen der Kurkapelle. Schmuckstücke Ahlbecks sind die vielen mondänen Hotels und Pensionen im Stil der Bäderarchitektur, die fast alle Ende des 19. oder zu Anfang des 20. Jhs. entstanden sind.

■ SEHENSWERTES ■

SEEBRÜCKE AHLBECK ★

Das einzige historische Bauwerk dieser Art (1898), das an der Ostseeküste Mecklenburg-Vorpommerns erhalten blieb. Das hölzerne Gaststättengebäude, ein Pavillon mit vier kurzen Türmchen, bekam sein heutiges Aussehen Anfang der 30er-Jahre des 20. Jhs. Der 280 m lange Landungssteg stammt aus dem Jahr 1993, den Vorgänger hatten Eismassen im strengen Winter 1941/42 zerstört.

■ ESSEN & TRINKEN ■

LA BRASSERIE

Die Attraktion – abgesehen vom guten Essen: Die Gäste schauen dem Koch in der offenen Showküche über die Schulter, wenn er den fangfrischen Fisch zubereitet. *Tgl. | Dünenstr. 47 (im Ahlbecker Hof) | Tel. 038378/620 | €€*

Inside Tip

FISCHERS FRITZ

Hier gibt's Fisch und nochmals Fisch, vielfach so lecker und klassisch zubereitet wie bei Muttern. *Tgl. | Dünenstr. 39 | Tel. 038378/807 05 | €–€€*

ROMANTIK-CAFÉ DIE VILLA

Hausgebackene Kuchen und Torten aus Mecklenburg-Vorpommerns berühmter Konditorei Röntgen; besonders gefragt ist die Sanddorntorte. *Tgl. | Bismarckstr. 1 | Tel. 038378/ 24 10 | www.auguste-viktoria.de*

Inside Tip

SEEBRÜCKENPAVILLON

Das Restaurant ist immer gut besucht. Essen und Trinken über den Ostseewellen – für viele ein Muss. *Tgl. | Tel. 038378/283 20 | www.see brueckeahlbeck.de | €€*

■ ÜBERNACHTEN ■

RINGHOTEL OSTSEEHOTEL AHLBECK

Direkt an der Strandpromenade mit schönem Wintergartenrestaurant und Schwimmbad. Im benachbarten *Strandschloss* gibt es auch Apartments. *82 Zi. und Apt. | Dünenstr. 41 | Tel. 038378/600 | Fax 601 00 | www. ostseehotel-ahlbeck.de | €€*

ROMANTIK SEEHOTEL AHLBECKER HOF

Das Spitzenhotel der Insel! Das 5-Sterne-Haus bietet in Toplage nahe der Seebrücke luxuriöses Ambiente sowie einen phantastischen Wellness-bereich mit Hallenbad, Blütengrotte, Dampfbad und „Badtler", der Ihnen ein Bad nach Wunsch bereitet. *70 Zi. | Dünenstr. 47 | Tel. 038378/620 | Fax 621 00 | www.ahlbecker-hof.de | €€€*

Insider Tipp

VILLA AUGUSTE VIKTORIA

Die stilvoll renovierte Villa wurde 1900 für Kaiserin Auguste Viktoria erbaut, die jedoch nicht darin gewohnt hat. *16 Zi. | Bismarckstr. 1–2 |*

MARCO POLO HIGHLIGHTS

★ **Ostseetherme**
Badespaß in Ahlbeck für Jung und Alt – nicht nur an Schlechtwettertagen (Seite 56)

★ **Seebrücke Heringsdorf**
Geschäfte, Restaurants, Kino, Ferien-wohnungen und Muschelmuseum (Seite 65)

★ **Seebrücke Ahlbeck**
Die historische hölzerne Seebrücke, die tatsächlich noch aus dem Jahr 1898 stammt, wurde zum Wahrzeichen Usedoms (Seite 54)

★ **Bäderarchitektur**
Prachtvolle Bauten aus der Kaiserzeit in Heringsdorf (Seite 63)

★ **Schiffsausflug**
Auf der Ostsee in ein anderes Seebad reisen (Seite 63)

★ **Golm**
Kriegsgräber, Aussichtspunkt und Burg-wall (Seite 63)

★ **Benz**
Hübsches Dorf mit Windmühle, Kirche, rohrgedeckten Häusern (Seite 59)

Tel. 038378/24 10 | Fax 241 44 |
www.auguste-viktoria.de | €€

■ FREIZEIT & SPORT

Tennis (Flutlicht) auf 7 Plätzen an der Straße nach Korswandt und *Minigolf* sowie eine moderne *Skaterbahn (tgl. 8–22 Uhr)* an der Strandpromenade. An der Grenze zu Heringsdorf bietet die tgl. geöffnete ★ *Ostseetherme* (www.ostseetherme-kaiserbaeder.de) subtropischen Badespaß bei Wassertemperaturen von 30 bis 34 Grad C. Unter einer Glaskuppel befinden sich sechs verschiedene Schwimmbecken, Grottenrutsche, römisches Dampfbad, Wasserfälle sowie Luftsprudelbecken, Solarien und vieles mehr. Aus 408 m Tiefe kommt die Jodsole, mit der in der Kurabteilung Erkrankungen der Haut und der Atemwege behandelt werden können. Der Aussichtsturm der Therme, zu dessen Plattform ein Fahrstuhl führt, bietet einen weiten Blick.

Der Reiterhof *Will (Gothenweg)* lädt fortgeschrittene Reiter zu Ausritten und alle Gäste zu gemütlichen Kutschfahrten ein.

Von der Seebrücke legen Schiffe nach Heringsdorf, Bansin, Koserow und Zinnowitz sowie nach Swinemünde und Misdroy ab *(Tel. 038378/ 477 90 | www.adler-schiffe.de)*.

■ AM ABEND

WINNER'S SPORTSBAR & RESTAURANT ▶▶

Hier gibt's die größten handgemachten Burger auf Usedom, sind mehr als 60 Cocktails im Angebot, wird amerikanische Küche serviert, werden auf Großleinwand und Monitoren Sportevents verfolgt, wird Dart

In Bansin können kleine Baumeister nach Herzenslust Burgen bauen

und Billard gespielt. *Mai–Sept. tgl., Okt.–April Mo geschl. | im Ahlbecker Bahnhof | Tel. 038378/49 93 90 | www.winnerssportsbar-ahlbeck.de*

◾ AUSKUNFT ◾
TOURIST-INFORMATION
Dünenstr. 45 | 17429 Seebad Heringsdorf | OT Ahlbeck | Tel. 038378/ 244 97 | Fax 244 18 | www.drei-kaiserbaeder.de

◾ ZIEL IN DER UMGEBUNG ◾
KORSWANDT   [109 D5]
Bewaldete Höhenzüge betten den *Wolgastsee* ein, um den ein mit einem grünen Punkt markierter, 3,8 km langer Wanderweg führt. Am Westufer des bis zu 16 m tiefen Sees werden in dem stillen Dorf *Korswandt* (600 Ew.) Ruder- und Tretboote vermietet. Der reizvolle Wolgastsee lädt aber auch zum Baden und zum Angeln. Eine bewährte, gute Adresse mit vielen Stammgästen: das *Hotel-Restaurant Idyll am Wolgastsee | Tgl. | 19 Zi. | Hauptstr. 9 | 17419 Korswandt | Tel. 038378/221 16 | Fax 225 46 | www.landidyll.de/Idyll-am-Wolgastsee | €€ | 4 km*

BANSIN
 KARTE IN DER HINTEREN UMSCHLAGKLAPPE

[109 D3–4] Hübsche Pensionen, kleine Hotels und adrette Villen prägen das Gesicht von Bansin (2400 Ew.). Fast alle entstanden sie unweit oder direkt an der Strandpromenade mit der schlichten Seebrücke von 1994, auf der Sie 285 m weit aufs Meer hinausspazieren können. Bansin war nie ein Fischerdorf, sondern von Anfang an ein Ferienort. Seine Beliebtheit resultiert nicht nur aus dem bis zu 60 m breiten, weißen und feinen Sandstrand, auch der Schloonsee und der sich bis in den Ort hineinziehende Mischwald haben dazu beigetragen.

◾ SEHENSWERTES ◾
GEDENKATELIER ROLF WERNER
Vierzig Jahre lang hat Rolf Werner in Bansin gelebt und gemalt. Wohnhaus und Atelier des Künstlers wurden Gedenkstätte. *Führungen tgl. 11, Di, Do, Sa, So auch 14.30, Mai–Sept. auch 18 Uhr | Seestr. 60 | Tel. 038378/292 28*

HANS-WERNER-RICHTER-HAUS
Im historischen Feuerwehrgebäude ist ein Teil des Nachlasses des bei Bansin geborenen Schriftstellers (1908–93) zu sehen, der zusammen mit anderen Autoren 1947 die berühmt gewordene „Gruppe 47" gründete. Im Haus wird auch der Nachlass der 2006 verstorbenen Publizistin Carola Stern aufbewahrt, u.a. ihre Berliner Bibliothek und der Schreibtisch aus ihrem Balmer Ferienhaus. *Mi–Fr 11–13, 15–18, Sa/So 14–17 Uhr | Waldstraße/Ecke Bergstraße*

TROPENHAUS
Exotische Pflanzen und Tiere, darunter Schlangen und Affen, sowie Streichelzoo und Restaurant. *Mai–Sept. tgl. 10–18, Okt.–April nur bis 16 Uhr | Goethestraße/Ecke Kirchstraße | www.tropenhaus-bansin.de*

◾ ESSEN & TRINKEN ◾
ACHTERDECK
In maritimem Ambiente wird vor allem Fisch von den einheimischen Fi-

schern serviert. Nachmittags mundet
der ofenwarme Blechkuchen. *Tgl.
(im Winter wechselnder Ruhetag) |
Strandpromenade 27 | Tel. 038378/
552 54 | €€*

FISCHKOPP

Die Gäste können voller Vorfreude in
der offenen Küche zusehen, wie der
heimische Fisch fachgerecht zubereitet wird. Als Spezialität steht der sel-
tene Ostseeschnäpel auf der Karte,
auch Steinlachs genannt. *Okt.–April
Mo geschl. | Seestr. 66 | Tel. 038378/
806 23 | €€–€€€*

Insider Tipp

RESTAURANT ATLANTIC

Ralf Haug gehört zu Usedoms Spit-
zenköchen. Der Restaurantführer
„Gault Millau" bescheinigt ihm
„Kochkunst", „Der Feinschmecker"
lobt die „ungewöhnlichen, aber ge-
lungenen Kombinationen". *Tgl. |
Strandpromenade 18 (im gleichnami-
gen Hotel) | Tel. 038378/605 | €€€*

■ ÜBERNACHTEN ■

ELSBETH

Die kleine Pension bietet 6 Zimmer
mit Küchen- und Kühlschranknut-
zung sowie zwei Ferienwohnungen.
*Waldstr. 31 | Tel. 038378/292 31 |
www.elsbeth.auf-usedom.info | €*

OSTSEERESIDENZ SEESCHLOSS

57 schicke, bis zu 80 m^2 große Ferienwohnungen, die selbst höchsten
Ansprüchen genügen. In dem Neubau gibt es auch Schwimmbad und
Tiefgarage. *Strandpromenade 33 |
Tel. 038378/607 | Fax 608 00 | www.
ostseeresidenz-schloss.de | €€*

PROMENADENHOTEL ADMIRAL

Thilo Naumann hat das Haus an der
Strandpromenade zu einem der besonders gern gebuchten Hotels in
Bansin gemacht. *70 Zi. | Strandpro-
menade 36/37 | Tel. 038378/660 | Fax
663 66 | www.t-bansin.de | €€–€€€*

VILLEN IM PARK

Fünf Hotels im 3- und 4-Sterne-
Bereich mit Wellness, Restaurant,
Lesecafé sowie Cocktailbar in einer
großen Parkanlage. *149 Zi. | Seestr.
55–59 | Tel. 038378/470 00 | www.
ancon-hotels.de | €€–€€€*

■ FREIZEIT & SPORT ■

Auf dem *Großen Krebssee* südlich
von Bansin kann man rudern; drei
Tennisplätze stehen im Buchenpark
zur Verfügung. Kutsch- und Kremserfahrten bucht man über die Tourist-Information. Von der Seebrücke
legen Schiffe nach Koserow, Zinnowitz, Heringsdorf, Ahlbeck, Swinemünde und Misdroy ab *(Tel. 038378/
47790 | www.adler-schiffe.de)*.

DER SÜDEN

■ AM ABEND ■

ATLANTIC PUB ▶▶

Klönen wie im Schiffsbauch; tolles maritimes Ambiente mit Steuerhaus und Sonnendeck, das echte Bordatmosphäre aufkommen lässt; originale Tür einer Knastzelle. *Di–So ab 18 Uhr | Strandpromenade 18 (Eingang Bergstr.) | Tel. 038378/606 55*

■ AUSKUNFT ■

TOURIST-INFORMATION

Haus des Gastes (an der Seebrücke) | 17429 Seebad Heringsdorf | OT Bansin | Tel. 038378/470 50 | Fax 47 05 15 | bansin@drei-kaiserbaeder.de | www.drei-kaiserbaeder.de

■ ZIELE IN DER UMGEBUNG ■

GOTHENSEE   [113 D–E 2–3]

Mit 5,6 km² der größte See auf der Insel. Der unter Naturschutz stehende Gothensee ist maximal 2,2 m tief, mit Booten darf er nicht befahren werden. Am schilfumsäumten Ufer brüten Graugänse, Höckerschwäne, Kormorane und Kraniche, hin und wieder sind Seeadler zu beobachten. Der Fischotter ist in dem Naturschutzgebiet ebenfalls zu Hause. Der Gothensee ist von keiner Stelle aus in seiner gesamten Größe zu sehen.

MÜMMELKENSEE   [113 D1]

Der verschwiegene Moorsee liegt nordwestlich von Bansin mitten im Wald. Zum See und wieder zurück führt ein Naturlehrpfad, der in Bansin am Fischerweg beginnt, einem festgefahrenen Sandweg. Der 6,2 km lange Naturlehrpfad ist mit grünen, diagonalen Balken markiert. Im Sommer schmückt sich der See mit gelben Teichrosen, Mummel hierzu-

lande genannt, in der Verkleinerungsform Mümmelken. Graugans und Kranich brüten in dem Waldgebiet, bei etwas Glück ist auch der jagende Eisvogel zu beobachten. Besonders zahlreich kommen Schwarz- und Damwild vor.

In Benz steht die einzige Holländerwindmühle Usedoms

BENZ

[108 C5] ★ **Die kleinen Häuser mit gepflegten Vorgärten, Sandwegen und einer Holländermühle gefielen bereits dem Künstler Lyonel Feininger, der hier 1912 seinen Skizzenblock hervorholte und zeichnete.** Einige Jahrzehnte später kam Otto Niemeyer-Holstein, der Altmeister der norddeutschen Landschaftsmalerei, häufig nach Benz. Umgeben von Wald und Feldern schmiegt sich das Dorf (600 Ew.) in eine schützende Senke. Das Südufer des Schmollensees reicht fast bis an die ersten Häuser heran. Gut überschauen lässt sich die reizvolle Umgebung des Dorfes vom *Kückelsberg* (58,3 m) aus.

■ SEHENSWERTES ■

HOLLÄNDERMÜHLE

Sie ist der Stolz von Benz. Um 1830 wurde sie auf dem Hügel hinter dem Friedhof erbaut, bis 1971 drehten sich ihre Flügel im Wind. Auch heute noch, behaupten die Benzer, könne sie mit ihrer drehbaren Haube, dem Flügelkreuz und der Windrose Korn mahlen. Zu danken ist das dem Maler Otto Niemeyer-Holstein, der die Mühle 1972 erwarb und vor dem Verfall rettete.

KIRCHE ST. PETRI

Wunderschön im Inneren leuchten 135 Sternenbilder von einem Deckengewölbe in Gold, Weiß und Blau, die von einem Swinemünder Meister aus der ersten Hälfte des 19. Jhs. stammen. Das Altarbild zeigt Anthonis van Dycks „Beweinung Christi" (um 1630 gemalt) in einer guten Kopie. 1909 schenkte das damalige Kaiser-Friedrich-Museum in Berlin der Benzer Kirchengemeinde dieses Bild, nachdem diese sich bereit erklärt hatte, ihr eigenes mittelalterliches Altarbild zu verkaufen. In den Sommermonaten finden in der Kirche Kulturveranstaltungen statt.

KUNST-KABINETT USEDOM

Eine alte Scheune ist heute beliebter Treff von Kunstfreunden. In der Galerie sind wechselnde Ausstellungen zeitgenössischer Künstler zu sehen. *Karfreitag–Okt. Mi–So 11–18 Uhr | Kirchstr. 14a | www.kunstkabinett.de*

■ ESSEN & TRINKEN ■ ÜBERNACHTEN

SCHWALBENNEST

Familiengeführte Pension, Restaurant mit schmackhafter Hausmannskost *(Nov.–April Mo/Di geschl.)* Bei Hundebesitzern beliebt. *7 Ferienhäuser (bis zu 5 Pers.) | 10 Zi. | Fritz-*

> HONIG UND STUTENMILCH
Usedom wurde Deutschlands Wellnessinsel

Im *Maritim Hotel Kaiserhof* in Heringsdorf wabern Aromadämpfe durch die Bäder, im *Romantik Seehotel Ahlbecker Hof* wird in Honig und Stutenmilch gebadet und im Heringsdorfer *Strandhotel Ostseeblick* mit Algen und Heilkreide hantiert. Wer sich wie im Märchen aus 1001 Nacht fühlen möchte, lässt es sich im orientalischen *Shehrazade* in der *Ostseeresidenz Seebad Heringsdorf* gutgehen. Man badet wie Kleopatra, schwitzt wie ein Sultan, lässt sich im Schwimmbad von der Unterwassermusik berauschen und genießt zum Abschluss einen belebenden Wellnesscocktail an der Vitaminbar. Alles dient dem Wohlergehen der Gäste, die nach Usedom kommen, um Energie zu tanken. Wellness heißt das Modewort. Auf keiner anderen Insel Deutschlands tragen so viele Hotels das Qualitätssiegel des Deutschen Wellness-Verbandes.

Behn-Str. 30 | 17429 Benz | Tel. 038379/203 03 | Fax 200 60 | www. usedom-schwalbennest.de | €

■ ZIELE IN DER UMGEBUNG ■

NEPPERMIN   [108 B5]

Eine neue, fast 300 m lange *Promenade* führt am Nepperminer See entlang, einer Bucht des Achterwassers.

PUDAGLA   [108 B–C4]

Die Windmühle östlich der Straße Mellenthin–B 111 ist die letzte Bockwindmühle Mecklenburg-Vorpommerns an ihrem Originalstandort. Bereits 1702 ist sie auf einer Landkarte verzeichnet. Ihr heutiges Aussehen bekam sie 1898. Nach der Stilllegung 1937 begann der Verfall. 1997 wurde

Jedes Jahr am dritten Juni-Wochenende findet in Neppermin ein Pferdemarkt statt

Zahlreiche Schautafeln informieren über die Natur und die Fischerei im Wandel der Zeiten. Am Rand von Neppermin liegt der *Golfpark Balmer See*. Direkt am Achterwasser residiert das 🔊 *Golf- und Landhotel Balmer See* mit Hallenbad und Restaurant. *90 Zi. | 17429 Neppermin-Balm | Tel. 038379/280 | Fax 282 22 | www.golfhotel-usedom.de | €€€ | 4 km*

die Mühle wieder hergestellt *(Pfingsten–Sept. Sa/ So 13–16, in den Sommerferien zusätzlich Mo–Fr 10–16 Uhr). 6 km*

DARGEN

[108 C6] Der kleine beschauliche Ort (500 Ew.) südlich der B 110 rückte durch ein Museum und das Wisentgehege ins touristische Interesse. Aus dem Mittelalter erhalten blieben einige Trogmühlen um den Dorfteich und auf dem Grundstück Haffstr. 20. Im Zweiten Weltkrieg spielte der Minihafen, 1,6 km in Richtung Süden gelegen, als Umschlagplatz für das Munitionsdepot in der Mellenthiner Heide eine bedeutende Rolle.

◼ SEHENSWERTES

TECHNIK & ZWEIRADMUSEUM

Vieles von dem, was einst über die Straßen der DDR knatterte, ist hier zu sehen: Traktoren, PKW, Zweiräder, NVA-Technik, Krankenwagen, Feuerwehrtechnik. Gezeigt wird **Insider Tipp** auch ein Regierungsbus Ikarus 22 SL. Konsumgüter und Haushaltsgegenstände gegen Einblick in den DDR-Alltag. *April–Okt. tgl. 10–18, Nov.–März 11 bis 15.30 Uhr | Bahnhofstr. 1 | www.muse umdargen.de*

WISENTGEHEGE

Die großen und kräftig gebauten zotteligen Wisente, die in einem Gehege am Rand der Mellenthiner Heide leben, erreichen im Galopp eine Geschwindigkeit von bis zu 60 km/h. 2004 sind sie vom Nationalpark Wollin gekommen; inzwischen haben sich die Tiere so gut eingelebt, dass sie regelmäßig jedes Jahr für Nachwuchs sorgen. Auf Usedom war der Wisent vor sechs Jahrhunderten ausgerottet worden. *Ostern–Okt. tgl. 10 bis 17 Uhr | Prätenow | 1,5 km westlich von Dargen | www.wisentgehe ge-usedom.de*

◼ ESSEN & TRINKEN ◼ ÜBERNACHTEN

GASTHOF T'N EIKBOM

Das Ehepaar Butz führt den kleinen Gasthof sehr persönlich und engagiert. Im Angebot ist – fast immer – *das* probierenswerte Gericht der regionalen Küche: mit Backpflaumen gefüllter Schweinerippenbraten, serviert mit Rotkohl und Salzkartoffeln. *Mai–Sept. tgl., Okt–April Di geschl. | 5 Zi. | Haffstr. 19 | 17419 Dargen |*

Arbeitsplatz für Fischer: der Hafen von Kamminke

Tel./Fax 038376/204 21 | www.eik bom.de | €

■ ZIELE IN DER UMGEBUNG ■

GOLM ⭐ 🌊   [109 E6]

Der Berg, mit 69 m die höchste Erhebung Usedoms, wurde zu einem der größten Kriegsgräberfriedhöfe Deutschlands. Das schlichte Ehrenmal erinnert an 23 000 Opfer des Bombenangriffs der Alliierten auf Swinemünde vom 12. März 1945, von denen die meisten am Golm bestattet wurden. Ihre letzte Ruhestätte fanden hier auch Angehörige der Deutschen Wehrmacht. In einem kleinen Pavillon am Fuß des Berges ist eine Ausstellung über die Geschichte des Golm zu sehen, der bis zu Beginn des Zweiten Weltkriegs ein beliebtes Ausflugsziel der Usedomer war *(Mitte März–Mitte Nov. tgl. 9–18 Uhr | www.golm-usedom.de).*

Der Golm liegt bei *Kamminke* (400 Ew.) am südöstlichen Ende des deutschen Teils von Usedom. Eine schmale Straße führt zum Hafen, wo Fischerboote und zum Trocknen aufgehängte Netze zeigen, dass hier auch heute noch gefischt wird. *15 km*

THURBRUCH   [108–109 C-D 5-6]

Schnurgerade Entwässerungsgräben zerschneiden die ebene Moorlandschaft des Thurbruchs, in dem 1962 das letzte Torf gestochen wurde. Zu DDR-Zeiten wurde das Thurbruch trockengelegt, um es landwirtschaftlich zu nutzen. Bei Kachlin rekonstruierte man 1995 das letzte Windkraftschöpfwerk. Als technisches Denkmal kündet es heute von den langen Bemühungen um die Trockenlegung des Gebiets. *3 km*

HERINGSDORF

 KARTE IN DER HINTEREN UMSCHLAGKLAPPE

[109 D4] „Nizza des Ostens" wurde Heringsdorf (3600 Ew.) einst genannt, denn bis zum Zweiten Weltkrieg war es das Modebad der deutschen Aristokratie und Finanzwelt. Typisch für Heringsdorf sind prunkvolle Hotelvillen in weiträumigen Parkanlagen. Fast alle wurden in den letzten Jahren restauriert und bieten jetzt modernen Komfort. Und jede von ihnen hat ihre Geschichte, so auch die *Villa Staudt (Delbrückstr. 7).* In ihr weilte mehrfach Kaiser Wilhelm II. zum Tee bei der verwitweten Konsulsgattin Elisabeth Staudt; zu DDR-Zeiten diente es der SED unter dem Namen „Wilhelm Pieck" als Erholungsheim für Funktionäre. Grüne Schilder an Gartenzäunen und Häusern erinnern an weitere Promis aus Politik und Kultur, die im Seebad zu Gast waren. Nach dem Zweiten Weltkrieg umgaben die Sowjets große Teile von Heringsdorf mit einem Zaun und nutzten die Pensionen und Hotels als Sanatorien. Zurück ließen sie das im Stil der Stalinzeit errichtete denkmalgeschützte Kulturhaus, das in das *Forum Usedom* integriert wurde.

Nicht nur für Landratten reizvoll ist der ⭐ *Schiffsausflug* mit einem modernen Seebäderschiff in ein anderes Seebad im deutschen Teil Usedoms oder nach Swinemünde und Misdroy in Polen.

■ SEHENSWERTES ■

BÄDERARCHITEKTUR ⭐

Zu Kaisers Zeiten, zwischen 1890 und 1914, entstanden viele der Hotels, Pensionen und Villen. Eine Augenweide sind die 1883 im griechisch-römischen Stil gestaltete Villa des jüdischen Bankiers Oechsler mit einem Mosaikbild des Venezianers Antonio Salvati im Dreieckgiebel der Nordseite *(Delbrückstr. 5)*, in die nach der Restaurierung 1999 eine Boutique zog, das nach dem Vorbild palladianischer Villen erbaute Haus Oppenheim *(Delbrückstr. 10)*, in dem in den Sommermonaten 1909 bis 1912 der berühmte Maler Lyonel Feininger wohnte, sowie die 1890 für den Bankier Bleicheröder errichtete Villa *(Delbrückstr. 14)*. Weitere sehenswerte Häuser stehen in der *Maxim-Gorki-*, in der *Kulm-, Bülow-* und *Friedensstraße.*

KUNSTPAVILLON

Hier finden Verkaufsausstellungen mit bildender und angewandter Kunst statt. Der architektonisch interessante, gläserne Rundbau wurde 1973 auf der *Westpromenade (in Richtung Bansin)* eröffnet. *Mai bis Sept. Di–So 10–18 Uhr*

MUSCHELMUSEUM

Hier sind rund 3000 Muscheln, Schneckenhäuser und Korallen in ansprechender Präsentation zu bewundern. *Juni–Aug. tgl. 9–21, Sept.–Mai 10–18 Uhr | Seebrücken-Landgebäude*

MUSEUM VILLA IRMGARD

Museum für Literatur- und Regionalgeschichte. 1922 wohnte hier der russische Dichter Maxim Gorki, um sein Lungenleiden zu kurieren, und arbeitete im bis heute unveränderten „arabischen Zimmer". In diesem bewahrte der weit gereiste Villenbesitzer seine Reiseandenken aus dem Orient und aus Afrika auf. *Mai–Sept.*

Hier lebte und arbeitete Maxim Gorki: das „arabische Zimmer" im Museum Villa Irmgard

*Di–So 10–18, Okt.–April Di–So 10 bis
12, 13–16 Uhr | Maxim-Gorki-Str. 13*

SEEBRÜCKE HERINGSDORF ⭐

Mit 508 m die längste bewirtschaftete Seebrücke Kontinentaleuropas.
Ins Landgebäude zogen Muschelmuseum, Kino, Café, Restaurant sowie
Geschäfte, im Brückenkopf mit dem pyramidenähnlichen Dach fanden
zwei Restaurants Platz. Die Brückenanlage, zu der auch Ferienwohnungen gehören, gilt mit der von Sellin
auf Rügen als die prachtvollste der gesamten Ostseeküste; das war sie
auch bis 1958 schon, als das Bauwerk durch Brandstiftung zerstört
wurde.

VOLKSSTERNWARTE „MANFRED VON ARDENNE"

Ein Geschenk des 1998 verstorbenen Dresdner Wissenschaftlers, der die
Sauerstoff-Mehrschritt-Therapie entwickelte und in den 60er- und 70er-Jahren des 20. Jhs. zu Heringsdorfs
treuen Sommergästen zählte. *Beobachtungen bei klarem Himmel an
unterschiedlichen Tagen | Strandpromenade (in den Dünen neben dem
Sportplatz) | Tel. 038378/316 34 |
www.sternwarte-usedom.de*

▰ ESSEN & TRINKEN ▰

KULM-ECK

Als Kräuter- und Blütenspezialisten `Insider Tipp`
hat „Der Feinschmecker" Brian Seifert bezeichnet, der seit Jahren in seinem schlichten Restaurant mit einer
beachtlichen Küchenleistung aufwartet. In der Saison reservieren! *März/
April Mo, Okt.–Feb. So/Mo geschl.,
nur abends geöffnet | Kulmstr. 17 |
Tel. 038378/225 60 | €€ – €€€*

SEEBRÜCKENRESTAURANTS

Fundierte Kochkunst mit originellen Einfällen präsentiert Marcus Lübke
im *Käpt'n N.* Wer es schlichter möchte, setzt sich ins *Nauticus* oder
geht in die benachbarte *Pizzeria. Tgl. | Seebrücke | Tel. 038378/288 17 |
www.seebruecke-heringsdorf.de |
€ – €€€*

USEDOMER BRAUHAUS ▶▶

Im rustikalen Ambiente kommt deftiges Essen auf den Tisch. Wer sich
beim frisch gebrauten Bier nicht sofort entscheiden mag, bestellt ein
Probebier im 0,1-l-Glas. *Tgl. | Platz `Insider Tipp`
des Friedens | Tel. 038378/614 21 | €*

WINTERGARTEN MIT BIBLIOTHEK ☼ 📶 `Insider Tipp`

Kaffee und Kuchen, kleine Gerichte und ein fabelhafter Blick auf die Ostsee. Am Abend kann der Tag bei

Wein und einem guten Buch (rund 2000 stehen zur Auswahl) am Kamin ausklingen. *Tgl. | Kulmstraße (im Maritim Hotel Kaiserhof) | Tel. 038378/650*

■ EINKAUFEN ■

22 Geschäfte laden in einer glasüberdachten *Passage auf der Seebrücke* zum Einkaufsbummel. Im Landgebäude auf der rechten Seite verkauft das Muschelmuseum eine große Auswahl maritimer Souvenirs. Deutsche und mediterrane Wein- und Feinkostkultur bringt Berlins Traditionshaus *Lutter & Wegener* an den Usedomer Ostseestrand, mehr als 400 Weine und Brände sowie ausgesuchte Spezialitäten aus Frankreich und anderen Ländern sind in der *Kulmstr. 3* im Angebot. Groß ist das Angebot im Geschäft *Brunnenstr. 10* der seit 1925 bestehenden *Heringsdorfer Strandkorbfabrik;* auch extravagante Modelle sind vorhanden: z. B. Körbe mit schwenkbarem Bistrotisch oder eingebautem Radio *(www.korb-gmbh.de).*

■ ÜBERNACHTEN ■
AURELIA HOTEL ST. HUBERTUS

In jedem Zimmer steht dem Gast ein PC mit Internetzugang zur Verfügung. *60 Zi. | Grenzstr. 1 | Tel. 0800/477 60 | Fax 477 66 99 | www.aurelia hotel.de | €€*

Insider Tipp

CLASSIC FLAIR HOTEL VILLA AUGUSTA

Die neoklassizistische Villa und das Schweizerhaus sowie der neue Wintergarten-Pavillon im parkartigen Garten ergeben ein wunderschönes Ensemble an der Promenade. Die 23 Zimmer haben teilweise großzügige eigene Terrassen oder Balkone. *Delbrückstr. 17 | Tel. 038378/471 60 | Fax 47 16 49 | www.villaaugusta.de | €€€*

MARITIM HOTEL KAISERHOF ♫

Herausragende Lage an der Strandpromenade nahe der Seebrücke; Sauna- und Badelandschaft „Vital Garten" auf 1000 m^2. *133 Zi. | Strandpromenade | Tel. 038378/650 | Fax 658 00 | www.maritim.de | €€€*

POMMERSCHER HOF

Seit Jahren setzen die Gäste den Pommerschen Hof im Wettbewerb „Beliebteste Hotels in Deutschlands" auf einen der vordersten Plätze. *93 Zi. | Seestr. 41 | Tel. 038378/610 | Fax 611 00 | www.pommerscherhof. de | €€€*

UPSTALSBOOM HOTEL OSTSEESTRAND

Ein Haus an der Strandpromenade, in dem keine Wünsche offen bleiben. Beeindruckend: die 1000 m^2 große Beauty- und Wellnessoase *Balance* mit Schwimmbad sowie drei verschiedenen Saunen auf zwei Ebenen. *99 Zi. | Eichenweg 4–5 | Tel. 038378/ 630 | Fax 634 44 | www.upstals boom.de | €€€*

■ FREIZEIT & SPORT ■

Tennisplätze sind vorhanden *(Rennbahnweg)*, *Minigolf* wird an der Kurpromenade gespielt. *Bootsverleih* sowie im Einkaufscenter *Kaiserhof Atlantic* sechs vollautomatische *Bowlingbahnen.* Im Winter zählt *Eislaufen* zu den sportlichen Angeboten, die Freifläche hat eine Größe von 30×60 m. Wie in einem orientalischen Märchen fühlt man sich in der

Ländliches Bilderbuchidyll im Lieper Winkel

Insider Tipp 1200 m² großen Wellnessoase *Shehrazade* auf zwei Ebenen *(Seestr. 41 | in der Ostseeresidenz Seebad Heringsdorf).*

Von der Seebrücke legen Schiffe nach Bansin, Koserow und Zinnowitz sowie nach Ahlbeck, Swinemünde und Misdroy ab *(Tel. 038378/ 47790 | www.adler-schiffe.de).*

■ AM ABEND

Insider Tipp Im *Chapeau Rouge,* dem roten, 250 Zuschauer fassenden Theaterzelt der Vorpommerschen Landesbühne Anklam, finden jährlich von Mitte Mai bis Ende August über 200 Veranstaltungen statt. Bunt ist das Programm: Theater, Artistik, Jazz und Puppenspiel; das Zelt steht an der östlichen Kurpromenade. Im *Forum Usedom* liegt der historische Kursaal, in dem kulturelle und gesellschaftliche Veranstaltungen geboten werden, sowie das Spielkasino mit 80 Glücksspielautomaten und American Roulette und Blackjack. Ein *Kino* mit zwei Sälen ist auf der Seebrücke untergebracht. In der *Tanzbar La Playa* (im Einkaufscenter Kaiserhof Atlantic) geht es Di–Sa ab 22 Uhr zur Sache, am Freitag und Samstag sogar bis 6 Uhr morgens.

■ AUSKUNFT

TOURIST-INFORMATION
Kulmstr. 33 | 17424 Seebad Heringsdorf | Tel. 038378/24 51 | Fax 24 54 | www.drei-kaiserbaeder.de

LIEPER WINKEL

[112 A–B 1–2] **Das ist der rechte Ort, um die Seele baumeln zu lassen. Die Halbinsel zwischen Peenestrom und Achterwasser gehört zu den ruhigsten und am dünnsten besiedelten Ecken Usedoms.** Wer ungestört radeln oder gern Wasservögel beobachten möchte, wählt den Lieper Winkel mit den kleinen Dörfern Rankwitz, Quilitz, Warthe und Liepe als Reiseziel. Nördlich, bei Rankwitz, befindet sich die höchste Erhebung der Halbinsel, der 18,40 m „hohe" *Jungfernberg.* Quilitz besitzt ein Steilufer, von dem aus man über den Peenestrom bis zur Stadt Usedom blicken kann, und in Liepe steht die einzige Kirche des Lieper Winkels.

SEHENSWERTES

HEIMATHOF RANKWITZ

Trachten, Fischereigeräte und eine original eingerichtete Bauernküche verraten einiges über das einst ziemlich karge Leben der Menschen in dieser stillen Usedomer Region. *Geöffnet nach Absprache unter Tel. 038372/705 35 | Rankwitz*

ESSEN & TRINKEN

LANDGASTHOF AM ACHTERWASSER

Hausgebackener Kuchen sowie frisch zubereitete Fisch- und Wildgerichte. Lecker: das gedünstete Zanderfilet in Weißwein-Shrimps-Sauce mit Dillkartoffeln. *Ostern–Okt. tgl. | Tel. 038372/75 20 | €–€€*

ZUR ALTEN FISCHRÄUCHEREI

Fisch – geräuchert, gedünstet und gebraten, direkt im kleinen Hafen von Rankwitz. *Tgl. | Am Hafen | Rankwitz | Tel. 038372/705 21 | €–€€*

ÜBERNACHTEN

AM ACHTERWASSER

Kleine, ruhig gelegene Ferienanlage mit 13 Ferienwohnungen (bis zu 6 Pers.) in vier Fachwerkhäusern. *Dorfstr. 12 | 17400 Warthe | Tel. 038372/75 20 | Fax 752 52 | www. am-achterwasser.de | €*

MELLENTHIN

[112 C3] **Mitten im südlichen Inselteil, zwischen dem Städtchen Usedom und den drei Kaiserbädern, liegt Mellenthin (230 Ew.), das noch dörfliche Idylle ausstrahlt.** Dazu gehören Kopfsteinpflaster, alte Bäume und das auf dem einstigen Gutshof brütende Storchenpaar. Für Touristen anziehend sind die Kirche und das Wasserschloss mit einem Park hinter dem Wassergraben.

SEHENSWERTES

KIRCHE

Das spätgotische Gotteshaus gilt als das reizvollste Usedoms. 12 Zentner (600 kg) wiegt die schwere Grabplatte von 1594 im Kirchenschiff. Sieben starke Männer mussten zupacken, als sie 1931 vom Chorraum an

> USEDOM VON OBEN
Viele Aussichtspunkte ermöglichen fabelhafte Blicke

Von vielen Stellen bieten sich weite Blicke auf die Insel und die Ostsee, so vom Streckelsberg, dem Loddiner Höft, dem Glaubensberg bei Pudagla sowie dem Weißen Berg auf der Halbinsel Gnitz. Aussichtstürme stehen auf dem Zirowberg südwestlich von Ahlbeck in Richtung Korswandt, auf dem Sieben-Seen-Berg in Sallenthin und auf dem Kückelsberg bei Reetzow. Von oben auf die Landschaft schauen können Sie auch vom Leuchtturm in Swinemünde sowie vom Turm der St.-Petri-Kirche in Wolgast. Wer das mühevolle Treppensteigen nicht mag, der fährt mit dem Aufzug auf die Aussichtsterrasse des Turms der Ostseetherme zwischen Ahlbeck und Heringsdorf.

ihren jetzigen Platz transportiert wurde. Auf der Reliefplatte zu sehen sind der Bauherr des Wasserschlosses Rüdiger von Neuenkirchen und seine Frau.

WASSERSCHLOSS

Der zweigeschossige Backsteinbau der Renaissance entstand zur Mitte des 16. Jhs. Es ist der bedeutendste historische Profanbau auf der Insel Usedom. Im Erdgeschoss ist zurzeit ein beliebtes Restaurant untergebracht. Die mächtigen Eichen am Wassergraben haben ein Alter von etwa 200 Jahren.

■ ESSEN & TRINKEN ■
LANDGASTHAUS KLEIN

Beliebt wegen seiner niedrigen Preise – kaum ein Hauptgericht kostet mehr als 12 Euro – sowie der umfangreichen Speisekarte. Abseits vom Dorf an der B 110 gelegen. *Tgl. | Tel. 038379/202 46 | €*

RESTAURANT & CAFÉ SCHLOSS MELLENTHIN

Hier können Sie selbst gebackenen Kuchen und solide gutbürgerliche Küche genießen. Im Sommer wird zweimal wöchentlich (im Winter nur einmal) zum opulenten <mark>mittelalterlichen Ritterbüfett</mark> mit Livemusik und Gauklern geladen. *Tgl. | Tel. 038379/289 30 | €€*

Insider Tipp

■ ÜBERNACHTEN ■
GUTSHOF INSEL USEDOM

Der Mellenthiner Gutshof bietet 20 Nichtraucher-Hotelzimmer und 4 Maisonette-Ferienwohnungen. Lecker sind die im Restaurant angebotenen, hausgemachten Vollkornwaf-

Schöne Keramikarbeiten können Sie auf dem Töpfermarkt in Morgenitz erstehen

feln. *Tel. 038379/207 00 | Fax 288 30 | www.gutshof-usedom.de | €–€€*

■ ZIEL IN DER UMGEBUNG ■
MORGENITZ   [112 B3]

Das kleine Dorf (230 Ew.) an einer lang gestrecken Bucht des Achterwassers würde kaum jemanden interessieren, wenn es nicht die Sammlung von alten Trogmühlen gäbe, die ein Dorfpfarrer um die Kirche aufstellen ließ. Von Interesse ist auch der Findling vor dem Gotteshaus, den 16 Pferde vom Gothensee hierher zogen. Wer ein Souvenir mitnehmen möchte: Fayencen, lehm- und holzascheglasiertes Steinzeug sowie Gebrauchsgeschirr fertigen *Manfred* und *Astrid Dannegger (Dorfstr. 8). 9 km*

Marienkirche in Usedom

USEDOM

[112 A4] **Die einzige Stadt der Insel (2000 Ew.) blieb ein liebenswerter und beschaulicher Ort.** Sie vermochte nicht aus dem Schatten der Seebäder zu treten; in mancher Ecke glaubt man sich in frühere Jahrhunderte zurückversetzt. Kopfsteingepflasterte Straßen und kleine, hell getünchte Häuser, die sich aneinander schmiegen, bestimmen das Stadtbild. Das *Anklamer Tor*, das Wahrzeichen des Städtchens,

wurde um 1459 erbaut und ist der Rest der mittelalterlichen Stadtbefestigung. Mitten auf dem Marktplatz steht die für das Städtchen ein wenig groß geratene *Marienkirche*. ☀ Geschichtsträchtig ist der *Schlossberg*, auf dem 1128 Bischof Otto von Bamberg auf seiner zweiten Missionsreise die Slawenfürsten zum Christentum bekehrte. Daran erinnert das große Kreuz aus weißem Granit.

■ SEHENSWERTES ■

NATURPARKAUSSTELLUNG

Wissenswertes zur Natur Usedoms. Das Lachmöwenei ist gegenüber dem Original 250-fach vergrößert. *Mai bis Sept. Mo–Fr 10–18, Sa 10–15, Okt. bis April Mo–Fr 10–16 Uhr | Bäderstr. 5 (Klaus-Bahlsen-Haus an der B 110) | www.naturpark-insel-usedom.de*

■ ESSEN & TRINKEN ■ ■ ÜBERNACHTEN

NORDDEUTSCHER HOF

Kleines, solides Hotel; im Restaurant *(Nov.-März geschl., sonst tgl.)* stets frischer Fisch auf der Karte. *8 Zi. | Markt 12 | Tel. 038372/702 66 | Fax 707 12 | www.norddeutscherhof.de | €*

■ EINKAUFEN ■

Bei *Antiquitäten & Lebensart (Swinemünder Str. 68 | www.antik-bause. de)* sind antiquarische Bücher, Möbel fast aller Stilepochen, Gemälde und Schallplatten, ferner Delikatessen und diverse Weine zu kaufen. Eine erlesene Auswahl an Naturwaren hat *De Spinndönz (Markt 16 | www.spinndoenz.de)*: Pullover, Strickjacken und Wollteppiche, Pommernkeramik und Kuscheltiere aus zertifizierter Schafwolle. Wer sich kreativ betätigen

Inside Tipp

Insider Tipp möchte, kann auch <mark>Spinn- und Web-kurse buchen.</mark>

■ FREIZEIT & SPORT ■

Insider Tipp Zum <mark>Segeltörn über's Stettiner Haff</mark> startet Rica Harder mit dem Zeesen-boot „Romantik" vom Usedomer Ha-fen aus. Zeesenboote sind flachge-hende, dickbäuchige Fischerboote mit braunen Segeln für die Küstenge-wässer. Die letzten von ihnen wurden restauriert und laden jetzt Touristen zu Rundfahrten ein. *Tel. 0173/ 607 97 68 | www.zeesenboot.de*

■ AUSKUNFT ■

STADTINFORMATION
Bäderstr. 5 (im Klaus-Bahlsen-Haus an der B 110) | 17406 Usedom | Tel. 038372/708 90 | Fax 71072 | www. stadtinfo-usedom.de

■ ZIELE IN DER UMGEBUNG ■

KARNIN [111 F5]
Was in der Nähe von Karnin riesig aus dem Wasser ragt, sind die Reste der 600 m langen Eisenbahn-Hub-brücke, die Usedom mit Kamp auf dem Festland verband. Die gewal-tige, 1930–32 errichtete Stahlkon-struktion war Europas größte und modernste Eisenbahn-Hubbrücke. Deutsche Wehrmachtsangehörige sprengten die Brücke in den letzten Tagen des Zweiten Weltkriegs; die Sowjets ließen die 45,5 km langen Gleisanlagen von Ducherow nach Swinemünde als Reparationsleistung demontieren. Den vom Verfall be-drohten Karniner Bahnhof (um 1900) restaurierten Usedomer Eisenbahn-freunde. Von Mai bis September schippert das kleine <mark>Fahrboot „Lisa"</mark> **Insider Tipp** von Karnin nach Kamp auf dem Festland *(Tel. 0177/283 45 04). 2 km*

STOLPE [112 B4–5]
Abseits vom Dorf entstand die <mark>öko-logische Ferienanlage *Stolperhof*</mark> mit **Insider Tipp** 14 Zimmern, die hier Kammern hei-ßen, sowie Pferden, Kühen, Schafen, Ziegen, Gänsen, Tauben und dem Schwein Arabella. Es gibt eine rie-sige Bauernküche zum Mitmachen, einen Bauerngarten, eine Liege-wiese, einen Back- und Holzplatz. *Ausbau 1 | Tel. 038372/710 81 | Fax 710 82 | www.stolperhof.de | € | 5 km*

> SAFARI IM LANDROVER
Mit Mountainbike, Schlauchboot oder Kajak

Auf dem Dach des Landrovers sind die Mountainbikes verkettet, das Schlauch-boot oder die Kajaks sind angehängt, und jeder der achtköpfigen Jeepbesat-zung, die manchmal gehörig durchge-schüttelt wird, bekommt ein Fernglas umgehängt. Usedom ist weit mehr als nur Strand und Meer. Der Naturpark Usedom bietet viele, teilweise noch un-berührte Ecken. Die *Insel-Safari*-Chefs Uwe und Gunnar Fiedler führen Touris-ten mit dem Landrover dorthin. Picknick-pausen unter freiem Himmel und zünfti-ges Grillen am offenen Feuer gehören auch dazu. Neben naturkundlichen Ta-gestouren bieten sie auch solche für zwei oder drei Tage auf und um Use-dom an. *Insel-Safari | Tel. 03836/203 90 (AB) | Mobil 0172/316 66 34 | Fax 20 32 99 | www.insel-safari.de*

> USEDOMS KLEINE SCHWESTERN

Aus streng abgeriegelten Militärbereichen
wurden idyllische Naturschutzgebiete mitten in der Ostsee

> Kein Restaurant und Café, keine Über-
nachtungsmöglichkeit und keine Toilette –
nicht einmal eine Imbissbude gibt es auf
der Greifswalder Oie und dem Ruden. Alles
Mitgebrachte muss wieder mitgenommen
werden, selbst das Pilzesuchen oder Blau-
beerenpflücken bringt Ärger ein.
Beide Inseln stehen unter Naturschutz. Jahrzehntelang waren die
Greifswalder Oie und der Ruden mi-
litärisches Sperrgebiet, Touristen
konnten sie nur vom Festland aus mit
dem Fernglas betrachten. 1937 rich-
teten sich zunächst die Peenemünder
Raketenforscher auf den Inseln ein,
nach dem Zweiten Weltkrieg nahm
die Rote Armee sie in Besitz, später
waren hier Grenztruppen der DDR
stationiert. Die 54,7 ha große Greifswalder Oie wird gern das „Helgoland
der Ostsee" genannt, der 27 ha große
Ruden diente jahrhundertelang, bis
1972, als Lotseninsel. Beiden Inseln
hat die Natur in den vergangenen

Bild: Mischwald auf der Greifswalder Oie

GREIFSWALDER OIE UND RUDEN

Jahrhunderten arg mitgespielt, unaufhörlich nagten Sturm und Wasser an ihren Uferrändern. Die Greifswalder Oie verlor allein 1690–1728 fast ein Viertel ihrer Fläche, der Ruden soll heute nur noch ein Drittel so groß wie vor 300 Jahren sein.

Ohne das Eingreifen der Menschen seit dem vorigen Jahrhundert würde es die Insel Ruden heute nur noch als Sandbank geben. Als Naturkleinode stehen beide, die Greifswalder Oie und der Ruden, unter Schutz. Die markierten Rundwege dürfen deshalb nicht verlassen werden.

GREIFS-WALDER OIE

[O] 1550 m in der Länge misst die Greifswalder Oie, an der breitesten Stelle sind es 570 m. Das 12 km nördlich von Usedom gelege Inselchen hat damit etwa die Größe des Fürstentums Monaco. Die Greifswalder Oie ist im südlichen Ostseeraum die östlichste Insel in der freien Ostsee, denn vor den Küsten Polens, Litauens und Lettlands gibt es keine Inseln.

Im Frühjahr überzieht ein Blütenteppich das Eiland, im Herbst reifen Brombeeren, Hagebutten, Haselnüsse, Birnen und Äpfel.

Nach dem Ersten Weltkrieg war die Greifswalder Oie für einige Jahre Sportflieger errichten, ein belgischer Geschäftemacher bot 2,5 Mio. Euro, um aus dem rauen Eiland eine exklusive Bestattungsstätte für „auserwählte Sterbliche" zu machen; 50 000 Euro sollte eine Grabstätte kosten. Umwelt- und Naturschützer fegten aber alle diese Pläne jedoch vom Tisch, die Oie wird Vogelparadies bleiben. Sie wurde Eigentum des Landes Mecklenburg-Vorpommern,

Das Ausflugsschiff bringt Besucher zur Greifswalder Oie

von Usedom und Rügen aus ein beliebtes Ausflugsziel, bis die Peenemünder Raketenbauer, danach die Sowjetarmee und später die DDR-Grenztruppen sie in Beschlag nahmen. Als im Februar 1991 die letzten Militärs abgezogen waren, gab es um die Zukunft der Greifswalder Oie viel Gerangel. Ein Hamburger Unternehmer wollte einen Flughafen für der Vogelschutz-Verein Jordsand bekam einen Betreuungsvertrag.

■ ANREISE ■

Im Sommer fahren mehrmals in der Woche Schiffe zur Greifswalder Oie, der Aufenthalt beträgt meist 2 Stunden. Auskunft über Abfahrtsorte und -zeiten geben die Tourist-Informationen und Kurverwaltungen.

> *www.marcopolo.de/usedom*

WALDER OIE UND RUDEN

■ INSELRUNDGANG ■

Der kleine Hafen an der Südwestspitze der Insel, in dem die Fahrgastschiffe die Touristen an Land setzen, ist Liegeplatz für den Seenotkreuzer „Fritz Behrens" mit seinem Tochterboot „Anna". Beide werden von Rügen bis an die polnische Grenze eingesetzt. Da die Insel seit 1994 unter Naturschutz steht, dürfen Schiffe hier nur in Notsituationen oder bei widrigen Witterungsverhältnissen anlegen.

Am *Hafen* beginnt der ausgeschilderte Rundweg. Er führt am Schuppen der Deutschen Gesellschaft zur Rettung Schiffbrüchiger vorbei zu dem weißen Haus, in dem die Dienst habende Besatzung des Seenotkreuzers logiert. Einst beherbergte das alte Bauernhaus den Inselkommandanten und seine Familie. Im *Inselhof*, früher Bauernhof und Pension und zu DDR-Zeiten Dienst- und Unterkunftsgebäude für die Grenzsoldaten, hat der Verein Jordsand *(www.Jordsand.de)* die *Naturkundliche Forschungs- und Beobachtungsstation „Walter Banzaf"* eingerichtet. Heute werden auf der Insel jährlich bis zu 20 000 Vögel beringt. Touristen, die zu einem Kurzbesuch eintreffen, bekommen einen Vortrag über die Vergangenheit und Gegenwart der Insel. Darüber informiert auch eine kleine ★ *Ausstellung*.

27 Jahre lang tummelten sich auf der Insel Shetlandponys. Doch dem Zoo Rostock als Besitzer war der Unterhalt zu teuer, sodass die kleinen Pferde 2004 für immer abreisten. Heute lebt eine Heidschnuckenherde auf der Insel. Die rund 60 Schafe und Lämmer sollen unerwünschten Aufwuchs zurückdrängen.

Der betonierte Weg, der bis zur Inselmitte reicht, stammt noch aus der Zeit vor 1945. Am Generatorenhaus vorbei kommen Sie zur östlichen ❀ Steilküste. Bei gutem Wetter ist Usedom gut erkennbar. Von der Höhe aus können Sie Möwen, Seeschwalben, Kormorane und Schwäne beobachten. Die am Boden brütenden Vögel wurden schon vor Jahren von Füchsen verjagt, die in Sandsteinhöhlen am südlichen Steilufer und im Busch leben, einem 6 ha großen Mischwald im Nordosten. Die ornithologische Bedeutung der Greifswalder Oie liegt im Vogelzug.

Wenn Sie aus dem Wald treten, ist der 38,6 m hohe, achteckige *Leuchtturm* zu sehen, der drittälteste und höchste Mecklenburg-Vorpommerns, der seit 2007 der Öffentlichkeit zugänglich ist. Sein alle 3,8 Sekunden aufblitzendes Licht wird etwa 48 km weit gesehen. Zur Einweihung des Turms kam 1855 Preußenkönig Friedrich Wilhelm IV. auf die Insel. Einen guten Eindruck haben die Bewohner bei ihrem Regenten jedoch nicht hinterlassen, wenn man zeitgenössischen Berichten Glauben schen-

MARCO POLO HIGHLIGHTS

★ **Ausstellung**
Informationen über Vergangenheit und Gegenwart der Greifswalder Oie (Seite 75)

★ **Inselrundgang**
Wandern durch unberührte Natur und zu Zeugnissen der Grenzgeschichte auf dem Ruden (Seite 77)

ken darf: Der Empfang war „nicht sehr respektvoll, und Majestät erbosten sich über den Fliegendreck auf dem Herrscherbild, das er in einer Bauernstube erblickte". ❋ Vom Norden der Insel blickt man bis nach Rügen. Seit 1913 umschließt ein Steinwall fast die ganze Insel. Den enormen Aufwand betrieb man, damit die Greifswalder Oie nicht vom Meer verschlungen wurde. Bei einem Verlust der Insel wäre ja das deutsche Territorialgebiet kleiner geworden ...

RUDEN

[0] Schon seit 1925 gehört die 800 m lange und maximal 375 m breite Insel zum Naturschutzgebiet Peenemünder Haken, Struck und Ruden.

Die den Ruden umgebenden Flachwasserbereiche zählen zu den bevorzugten Rastgebieten von Wasservögeln; auf der Südspitze rasten in den Sommer- und Herbstmonaten Tausende von Kormoranen. Der nördliche Inselteil besteht aus bis zu 7 m hohen bewaldeten Sanddünen. Kiefern, Eichen und Buchen wachsen hier, an der Südspitze sind es vor allem Dünengräser, gelegentlich aber auch wilde Rosen, Stranddisteln und Wacholder. Östlich und westlich der Insel stehen zwei Leitfeuer im Wasser, die bis heute den Schiffsführern in diesem gefährlichen Seegewässer bei der Navigation helfen.

Um die Insel vor der Meeresbrandung zu schützen, wurde 1905 am Südende ein Betonwall gebaut, der 1200 m lang ins Meer ragt. In den Zeitungen war der Ruden seinerzeit mit dem Beinamen „Silberplatte Deutschlands" bedacht worden, denn Journalisten hatten errechnet: Das Geld für den Schutzwall hätte gereicht, um die ganze Insel mit silbernen Fünf-Mark-Stücken auszulegen.

■ ANREISE ■

Mehrmals wöchentlich fahren in den Sommermonaten Schiffe zur Insel Ruden, der Landgang beträgt meist 1 Stunde. Über Abfahrtszeiten und -orte informieren die Tourist-Informationen und Kurverwaltungen.

➤ MARITIMES LEXIKON
Auf einen Blick: Fachausdrücke für Binnenländer

Achterwasser	Achter heißt im Niederdeutschen „hinter", also das „Wasser hinter" der Ostsee	Tonnen	schwimmende, an Ketten verankerte Seezeichen
Bodden	Bucht mit schmalem Zugang zum Meer	Wiek	niederdeutsche Bezeichnung für kleine, flache Bucht
Haff	vom Meer weitgehend abgeschnürte ehemalige Meeresbucht	Windflüchter	einzelne, vom Wind verformte Bäume am Strand
Kliff	niederdeutsche Bezeichnung für Steilküste	Zeese	beutelartiger, kaum noch verwendeter Schleppnetztyp, vom Zeesenboot gezogen

WALDER OIE UND RUDEN

■ INSELRUNDGANG ■

⭐ Der markierte Lehr- und Wanderpfad beginnt am kleinen, für Sportboote zugelassenen *Hafen* auf der Ostseite, der in den 1970er-Jahhäusern in Hafennähe. Der restaurierte *Turm* an der Südspitze der Insel stammt aus der Zeit der von Braunschen Raketenforschung, er wurde als Messstation für die in Peene-

Altes Lotsenhaus auf dem Ruden

ren für die Grenzabfertigung ausgebaut wurde. Hier saßen DDR-Grenzoffiziere und Zöllner, die jedes vorbeifahrende Boot kontrollierten.

An der Ost- und Nordseite schützt eine 1904 aus Feldsteinen errichtete, mannshohe Schutzmauer die Insel vor der Meeresbrandung. ❈ Von der Westseite aus reicht der Blick über den Greifswalder Bodden nach Rügen und zu den Kirchtürmen von Greifswald. Vorbei am Lotsenturm, den zu DDR-Zeiten die Grenztruppen nutzten, führt der Weg zu den 1900 erbauten ehemaligen Lotsen-

münde gestarteten V 2-Versuchsgeschosse genutzt. Im Turm wird eine Ausstellung gezeigt, die auch die Küstenveränderung der letzten drei Jahrhunderte erläutert. Beeindruckend der Blick durch das auf dem Turmdach installierte ❈ **Fernrohr.** *Insider Tipp*

Seit 1995 leben auf Ruden Pommersche Landschafe. Sie suchen sich ihr Futter selbst, nur wenn sie trächtig sind, erhalten die Mutterschafe zusätzlich etwas Hafer. Das Amt für Natur und Umwelt hat die Herde auf 30 Muttertiere begrenzt, die etwa 45 Lämmer im Jahr setzen.

> DAS POLNISCHE USEDOM

Vom einst mondänen Swinemünde
zum Nationalpark Wollin und nach Stettin

> **Ein Tagesausflug von Ahlbeck in den polnischen Teil Usedoms ist für die meisten obligatorisch. Nicht wenige quartieren sich aber auch im polnischen Świnoujście (Swinemünde) oder auf der Nachbarinsel Wolin in Międzyzdroje (Misdroy) ein und entdecken von dort aus den deutschen Teil der Insel.**

Bereits vor über hundert Jahren verlor Usedom seinen südöstlichsten Zipfel mit dem Dorf Karsibór (Caseburg), als 1875–80 der 12 km lange Kanal Piastowski (Kaiserfahrt) gegraben wurde. Dieses Fleckchen, von der Neuzeit fast vergessen, ist heutzutage nur von der Insel Wollin aus über eine schmale Brücke erreichbar.

Der Grenzübergang Ahlbeck/ Świnoujście an der B 111 ist nur für Fußgänger und Radfahrer zugelassen, das Auto muss zurückbleiben. Direkt an der Grenze gibt es einen gebührenpflichtigen Parkplatz für etwa 400 PKWs; ist er voll, bleibt Ih-

Bild: Leuchtbake auf der Westmole von Swinemünde

SWINEMÜNDE

nen nichts anderes übrig, als zu warten. Gut beraten ist, wer mit der Usedomer Bäderbahn fährt, die wenige Meter vom Grenzübergang entfernt hält. Auf polnischer Seite warten Dutzende von Taxen und Pferdekutschen auf die Gäste aus Deutschland. Von den drei Kaiserbädern verkehrt die Europa-Buslinie bis ins Zentrum von Swinemünde. An der Grenze, die zu Fuß überquert werden muss, wird umgestiegen.

ŚWINOUJŚCIE (SWINEMÜNDE)

 KARTE IN DER HINTEREN UMSCHLAGKLAPPE

[109 F5–6] Bedeutender Handels- und Fährhafen und bei den Polen ein beliebter Urlaubs- und Kurort. Behandelt werden Erkrankungen der Atemwege und der Haut sowie Herz- und Kreislauferkrankungen. Das Kurviertel mit sei-

Die Läden in Swinemünde sind auf Tagesbesucher aus dem Westen eingestellt

nen Villen und Hotels wird durch einen weitläufigen Park mit Waldflächen von der übrigen Stadt getrennt. Das 300 m breite Band der Swina (Swine) schneidet die Stadt (43 000 Ew.) in zwei Teile. Zwei Molen schützen den Hafen vor dem Versanden. Charakteristisch für die Westmole ist die weiße Leuchtbake, ein Seezeichen in Form einer Windmühle. Das Zentrum und der Kurbereich im Westen erstrecken sich auf Uznam (Usedom), die Vororte liegen östlich auf der Insel Wollin. Kostenlose Fähren tuckern rund um die Uhr über die Swina, einen Fluss ohne Quelle, der einen Großteil des Oderwassers, das ins Stettiner Haff strömt, mitnimmt und zur Ostsee führt. PKWs werden hier nur befördert, wenn sie Einheimischen gehören, alle anderen müssen sich 7,5 km südlich bei Karsibór übersetzen lassen (rund um die Uhr möglich).

Swinemünde war lange Deutschlands größtes Seebad. Hierher reiste, wer Macht und Geld hatte. Die Stadt war, bis die Alliierten sie 1945 Polen zusprachen, das Verwaltungszentrum der Insel.

■ SEHENSWERTES ■

KIRCHEN

Die evangelische König-Christus-Kirche entstand 1788–92 *(ul. Konstytucji 3. Maja).* Die katholische Kirche wure 1895 erbaut *(ul. Piastowska Mieszka I.).* Von der 1945 im Zweiten Weltkrieg zerstörten Lutherkirche (1903) steht nur noch der Turm, der eine ☀ Aussichtsplattform enthält, auf die 256 Stufen führen *(April–Okt. tgl. 10–18 Uhr | ul. Paderowskiego/ Ecke ul. Pilsudskiego).*

KURVIERTEL

In der *ul. St. Zeromskiego,* der *ul. Juliusza Slowackiego* und den Querstraßen sind Beispiele der verspielten Bäderarchitektur zu sehen. Der Kurpark schmückt sich mit vielen seltenen, unter Naturschutz stehenden Bäumen und Sträuchern.

> www.marcopolo.de/usedom

LEUCHTTURM

Als sein Licht 1859 den Schiffen erstmals den Weg wies, war er mit 68 m Höhe der höchste Leuchtturm der Welt. Nach dem Aufstieg über 310 Stufen bietet sich ein herrlicher Blick. *Tgl. 10–18 Uhr | auf dem östlichen Swineufer*

MUSEUM FÜR HOCHSEEFISCHEREI

Tiere der Ostsee, Fischereikunde sowie Stadtgeschichte. Auch Fotos vom alten Swinemünde. *Di–Fr 9–16, Sa/So 11–16 Uhr | Plac Rybacki 1*

OSTFORT (FORT GERHARD)

Bunker- und Gängesystem im Wald auf dem östlichen Swineufer. Es entstand ab Mitte des 19. Jhs. zur Verteidigung der Hafeneinfahrt. *Mai bis Sept. tgl. 9–18 Uhr | beim Leuchtturm | www.fortyfikacje.pl*

WESTLICHE FESTUNGEN ⭐

Die beiden Militärbauten am westlichen Swineufer aus der Mitte des 19. Jhs. wurden um 1940 von den Nationalsozialisten ausgebaut und nach dem Zweiten Weltkrieg von den Sowjets genutzt. Die *Engelsburg* entstand nach dem Vorbild des Mausoleums für Kaiser Hadrian in Rom. *Engelsburg (Fort Aniola) | tgl. 9–18 Uhr | Westfort (Fort Zachodni) | www.west batterie.prv.pl | März–Nov. tgl. 9 Uhr bis Einbruch der Dunkelheit*

◼ ESSEN & TRINKEN

ALBAKORA

Deftige und zugleich preiswerte Küche; die Speisekarte hängt in Deutsch aus. *Tgl. | ul. Konstytucji 3. Maja 6 | €*

BELWEDER

Polnische und internationale Küche; gemütlich. *Tgl. | ul. Wyspianskiego 1 (im gleichnamigen Hotel) | €*

◼ ÜBERNACHTEN

DELFIN SPA

Angenehmes Haus im Kurviertel mit Pool. *30 Zi. | Ul. Slowackiego 19 | Tel. 0048/913 21 27 57 | Fax 913 22 13 63 | www.hotel-delfin.pl | €*

WILLA POD DEBAMI

Moderne Zimmer mit Internetzugang. Großer Garten für sportliche Aktivitäten und Gesellichkeit . *7 Zi. | ul. B. Prusa 9 | Tel. 0048/913 21 93 68 | Fax 913 22 06 86 | www.pod-deba mi.pl | €*

◼ FREIZEIT & SPORT

4 km lang und bis zu 70 m breit ist der Sandstrand, an dem im Gegensatz zum deutschen Inselteil keine Strandkörbe mehr stehen. *Tennisplätze* gibt es an der *ul. Jana Matejki,* ein *Hallenbad* hinter den Dünen an der *ul. St. Zeromskiego.* ==Deutschsprachige *Hafenrundfahrten*== (2 Std.) Juni–Sept. 10 und 14.30 Uhr *(Abfahrt gegenüber dem Museum für Hochseefischerei).*

MARCO POLO HIGHLIGHTS

⭐ **Westliche Festungen**
Bedeutende Militärbauten am Westufer der Swina (Seite 81)

⭐ **Nationalpark Wollin**
Wisente und kleine Seen; seinem Namen gerecht wird der Türkissee (Seite 83)

Volkstanz im Nationalpark Wollin

ZIELE IN DER UMGEBUNG

KARSIBOR [0]

Durch den Bau des Piastowski-Kanals („Kaiserfahrt") Ende des 19. Jhs. wurde Karsibor (Caseburg) zur Insel. Eine 370 m lange Brücke stellt die Verbindung zum Festland her. Das 7 km südwestlich von Swinemünde gelegene Karsibor ist ein beliebtes Ziel für Fahrrad-Tagestouren.

MIĘDZYZDROJE (MISDROY) [0]

Seebad mit breitem Sandstrand. Międzyzdroje (7000 Ew.) war vor dem Krieg eines der elegantesten deutschen Seebäder. Den Strand begleitet eine 2,2 km lange *Promenade.* Von der 395 m langen Seebrücke verkehren Schiffe nach Swinemünde und zu deutschen Seebädern. Das *Wolliner Nationalparkmuseum* befindet sich im Zentrum *(Mai–Sept. Di–So 9–17,*

AM ABEND

Das *Amphitheater (ul. Chopina)* bietet 3500 Zuschauern Platz; im Sommer finden hier regelmäßig Veranstaltungen aller Art statt. Immer etwas los ist auch im *Städtischen Kulturhaus (ul. Wojska Polskiego 1).* Beliebt bei jungen Leuten bis Anfang 20 ist die ▶▶ *Disko Alibi (ul. Slowackiego).*

AUSKUNFT

CENTRUM INFORMACJI TURYSTYCZNEJ (TOURISTISCHES INFORMATIONS-ZENTRUM)
Wybrzeze Wladyslawa IV (im Pavillon der Stadtfähre) | 72-600 Świnoujście | Tel./Fax 0048/913 22 49 99 | cit@um. swinoujscie.pl | www.swinoujscie.pl (in Englisch)

>LOW BUDGET

> Die für Familien interessanteste Anreise vom deutschen Inselteil aus erfolgt mit dem Schiff, denn bis zu drei Kinder (bis 15 J.) fahren in Begleitung der Eltern kostenlos *(www.adler-schiffe.de).* Günstig ist der Travel-Free-Einkauf an Bord; bei Zigaretten (maximal 200 Stück) beträgt die Ersparnis über 50 Prozent.

> Im Swinemünder Restaurant *Centrala (Armii Krajowej 3),* dem Treff der Künstlerszene, erklingt am Abend oft kostenlos Livejazz.

> Für das Besteigen des Swinemünder Leuchtturms ist nur 1 Euro zu zahlen. Für so wenig Geld kann man an Deutschlands Ostseeküste von keinem Leuchtturm schauen!

Insider Tipp Okt.–April Di–Sa 9–15 Uhr | ul. Nie-podleglosci 3). Im *Wachsfigurenkabinett* (Gabinet Figur Woskowych) sind rund 100 Figuren von Kleopatra bis Harry Potter zu sehen *(tgl. 10–18 Uhr | ul. Bohaterów Warszawy 20 | im Dom Kultury).* Westlichen Ansprüchen ge-Insider Tipp recht wird das Hotel *Amber Baltic:* am Strand, mit Pools, Sauna, Tennis-plätzen und dem 12 km entfernten Golfplatz. *192 Zi. (mit Meerblick) | ul. Bohaterów Warszawy 26a | Tel. 0048/913 28 10 00 | Fax 913 28 10 22 | www.hotel-amber-baltic.pl | €€ | 16 km*

Fassade des Renaissanceschlosses Stettin

NATIONALPARK WOLLIN ⭐ [0]

Der Park (Wolinski Park Narodowy) erstreckt sich von der Pommerschen Bucht (Zatoka Pomorska) bis zum Oderhaff (Zalew Szczecinski). Cha-rakteristisch sind die flachen Dünen und steilen Kliffküsten. Anziehungs-punkt ist der kleine See *Jezioro Tur-kusowe (Türkissee)* bei Wapnica (Kalkofen), dessen Wasser bei Son-nenschein türkisblau schimmert. Zu den malerischen Winkeln gehört das Dorf *Lubin (Lobbin)* mit seiner ❇ Steilküste, die einzigartige Bli-cke auf das Haff gestattet. Ein *Schau-reservat für Wisente* (Rezerwat Zu-brów) wurde 2,7 km von Międzyz-droje-Zentrum entfernt eingerichtet *(Mai–Okt. tgl. 10–18, Nov.–April 9 bis 15 Uhr). 18 km* Insider Tipp

SZCZECIN (STETTIN) [0]

Die wirtschaftliche und kulturelle Metropole (250000 Ew.) im Nord-westen Polens. Eine kostenlose Stadtführung erhalten Sie, wenn Sie Insider Tipp sich dem roten Balken anvertrauen. Der wurde auf Gehwegen markiert und lenkt Sie auch zum *Renaissance-schloss* (16./17. Jh.) der Pommern-herzöge, von dessen ❇ Glocken-turm Sie einen herrlichen Blick ha-ben. Ebenfalls wieder aufgebaut wurde die gotische *Jakobikirche* (14./15. Jh.) an der *ul. Wyszynskiego.* Das barocke *Hafentor (Brama Por-towa,* einst Berliner Tor) stammt von 1724–40, das *Königstor (Brama Kró-lewska,* einst Anklamer Tor) von 1806. Das beste Hotel der Stadt mit gutem Restaurant: ♫ *Radisson SAS | 369 Zi. | tgl. | pl. Rodla 10 | Tel. 0048/ 913 59 55 95 | Fax 913 59 45 94 | www.radissonsas.com | €€ | 98 km*

> GESCHICHTE UND GESCHICHTEN

Mit der Bäderbahn, dem Fahrrad oder dem Auto die Insel erkunden

Die Touren sind auf dem hinteren Umschlag und im Reiseatlas grün markiert

1 ERSTE EINDRÜCKE MIT DER BÄDERBAHN

Die Usedomer Bäderbahn verbindet alle Seebäder mit der Stadt Wolgast, dem nördlichen Eingangstor Usedoms. Viele Usedom-Besucher verschaffen sich mit dem Bahnausflug auf bequeme Weise einen ersten Eindruck von der Insel. Die Fahrt von Wolgast-Hafen bis Ahlbeck-Grenze dauert 68 Minuten; seit 2008 fährt die Bahn bis Swinemünde weiter.

Bild: Fischerdorf Zempin

Die stromlinienförmigen Wagen in Blauweiß, klimatisiert und fast geräuschlos fahrend, bieten eine echte Alternative zum Auto. Vom Bahnhof **Wolgast Hafen**, der dem Stadtzentrum am nächsten liegt, geht es zunächst über die Peenebrücke, im Volksmund ihrer Farbe wegen Blaues Wunder genannt. Nach dem Bahnhof **Wolgaster Fähre**, dem ersten auf der Insel, fährt die Bahn auf einer schnurgeraden Strecke zum Haltepunkt **Banne-**

AUSFLÜGE & TOUREN

min-Mölschow *(S. 45),* dann weiter nach Trassenheide *(S. 44)* und Zinnowitz *(S. 48).* Hier teilt sich der Schienenstrang; wer Richtung Nordwesten nach Karlshagen *(S. 37)* und Peenemünde *(S. 42)* möchte, steigt um und fährt noch 17 Minuten bis zum 12 km entfernten Peenemünde. Das Gleis zum nördlichsten Ort Usedoms wurde 1936 gelegt, um die dort entstehende Heeresversuchsanstalt an das Bahnnetz anzuschließen.

Von Zinnowitz nach Zempin ist es nur noch ein Katzensprung. In Zempin *(S. 47)* setzte der Ferienverkehr spät ein; erst 1930 ist im Bäderführer vom „Ostseebad" die Rede. Deshalb bekam Zempin erst um 1935 ein Bahnhofsgebäude. Kurz hinter Zempin passieren Sie Usedoms schmalste Stelle; die Bahngleise und die B 111 verlaufen fast nebeneinander. Bereits zwei Jahre nach der Eröffnung dieses Streckenabschnitts richtete die

Sturmflut 1913 schwere Schäden an. Die Gleise wurden unterspült; die Bahn konnte monatelang nicht fahren.

Über **Koserow** *(S. 40)* mit seinem Bahnhofsgebäude von 1915 geht es weiter nach **Kölpinsee** *(S. 38)*. Linker Hand schimmert das Grün des Sees durch, der dem Badeort seinen Namen gab. Auf der Weiterfahrt nach **Ückeritz** *(S. 46)*, nach dem Haltepunkt Stubbenfelde, leuchtet rechter Hand hinter den Wiesen das weite Blau des Achterwassers. Hinter Ückeritz stoppt der Zug an dem einsam liegenden **Schmollensee**. Damit haben Sie den Ostteil der Insel erreicht. Hinter **Bansin** *(S. 57)* und dem Haltepunkt Heringsdorf-Neuhof macht die Bahn einen großen Bogen, um den Präsidentenberg bei **Heringsdorf** *(S. 63)* zu umfahren. Dieser Umweg hat einen unterhaltsamen Grund. Die Aktionäre der „Aktiengesellschaft Seebad Heringsdorf", überwiegend Berliner Bankiers, waren dagegen, dass die Bahn mitten durch den Ort und die Tennisanlage fuhr. Durch den Rauch der Lokomotiven und das Rattern der Wagen sahen sie die Anziehungskraft von Heringsdorf und damit den Wert ihrer Aktien sinken. Ihr Einfluss bei den Regierenden in Berlin war groß: Heringsdorf bekam einen Kopfbahnhof, in dem aufwändig rangiert werden musste, und die Gleise wurden im großen Bogen um den Präsidentenberg herumgeführt.

Kurz nach der Ausfahrt des Zuges sehen Sie linker Hand die **Ostseetherme,** die 1999 eine eigene Haltestelle erhielt. Danach fährt die Bahn durch Wald und rollt nach 6 Minuten in den Bahnhof **Ahlbeck** *(S. 53)*, der um 1880 errichtet und zu Beginn des 20. Jhs. erweitert wurde. Hier endete die Bahn 52 Jahre lang, denn im Potsdamer Abkommen war Usedoms Hauptort Swinemünde Polen zugesprochen worden; dorthin bestand seit Ende des Zweiten Weltkriegs kein Zugverkehr mehr. 1997 wurde die Bäderbahn bis zur Grenze verlän-

Absolutes Muss: ein Bummel über die Seebrücke von Heringsdorf

gert. Nach jahrelangem Hin und Her konnte die Bäderbahn 2006 in Polen Grundstücke pachten und die Gleise über die Grenze hinweg verlängern, sodass die Bahn jetzt bis ins Zentrum von Swinemünde fährt.

2 BERÜHMTEN KÜNSTLERN AUF DER SPUR

Schöne Landschaften ziehen seit jeher Künstler an, so auch Usedom. Einige von ihnen wählten die Insel sogar zum ständigen Wohnsitz. Diese Route führt zu ihren Häusern und zu reizvollen Winkeln. Etwa 35 km sind mit dem Auto zurückzulegen, kleine Spaziergänge kommen dazu. Wer auch in die Gedenkstätten schaut, sollte einen ganzen Tag einplanen.

An der Taille der Insel, bei Koserow (S. 40), beginnt die Tour. Hier richtete sich nach 1933 Otto Niemeyer-Holstein (1896–1984), der Altmeister der norddeutschen Landschaftsmalerei, sein skurriles Zuhause ein. In der sandigen Einöde zwischen Meer und Bodden wuchs um einen ausrangierten Berliner S-Bahn-Waggon sein privates Reich.

Auf guter Straße erreichen Sie Neppermin (S. 61). Ein Idyll, heute wie damals, als der deutsch-amerikanische Maler Lyonel Feininger (1871 bis 1956) sich am Seeufer setzte und zeichnete. Auch das benachbarte Benz (S. 59) zog Feininger an. Neben der Kirche hatte es ihm besonders die Windmühle angetan, wie einige Jahrzehnte später auch Niemeyer-Holstein. Dieser kaufte schließlich das verfallene Bauwerk und ließ es wieder herrichten. Seinem Wunsch entsprechend wurde Niemeyer-Holstein auf dem Benzer Friedhof beigesetzt.

Im Atelier Otto Niemeyer-Holstein

Zurück auf der Hauptstraße, geht es nach Neu Sallenthin. Der Kleine und der Große Krebssee, rechts der Gothensee sind landschaftliche Traumbilder. Begeistert davon war auch Rolf Werner (1916–89), der hier gern malte. Von 1953 bis zu seinem Tod lebte der Künstler im nahen Bansin (S. 57). Dort führt seine Witwe durch das ehemalige Atelier (Seestr. 60).

Insider Tipp

Bei Bansin wurde der Schriftsteller und Publizist Hans-Werner Richter (1908–93) geboren. Er engagierte sich für ein demokratisches Deutschland und gründete mit anderen Autoren nach dem Zweiten Weltkrieg die „Gruppe 47", eine Schriftstellervereinigung, die zum Kristallisationspunkt zeitgenössischer Literatur wurde und drei Jahrzehnte die (west-) deutsche Literatur prägte. Im ehemaligen Feuerwehr-Gerätehaus werden

Richters Arbeitszimmer und weitere persönliche Gegenstände gezeigt.

Literaturfreunde fahren weiter, am Schloonsee vorbei nach **Heringsdorf** *(S. 63)* zur Maxim-Gorki-Str. 13, dem heutigen **Museum Villa Irmgard.** Hier wohnte 1922 mit mehreren Familienmitgliedern und einem Sekretär der russische Dichter Maxim Gorki (1868–1936), dessen Arbeitszimmer fast unverändert geblieben ist.

Johann Strauß wohnte 1889 in der **Villa Anna** (Seestr. 17), im Hotel **See-Eck** (See-/Ecke Kulmstraße) 1916 der Komponist der Märchenoper „Hänsel und Gretel" Engelbert Humperdinck, und im heutigen **Pommerschen Hof** logierte ebenfalls 1916 der Berliner Operettenkomponist Walter Kollo. Alle Häuser sind leicht zu finden, denn der Historische Verein hat kleine Infotafeln angebracht.

Gilt als Usedoms ruhigste Ecke: der Lieper Winkel

In der Kulmstr. 25 steht die fein restaurierte **Villa Fontane,** in der Theodor Fontane 1863 wohnte. Im Gartenpavillon soll er gern gesessen haben, vermutlich, weil er von hier nach Swinemünde schauen konnte, wo er einen Teil seiner Kinderjahre verlebt hatte. Auch berühmte Komponisten hat Heringsdorf angezogen:

3 AUF DER HALBINSEL GNITZ

Der Gnitz, der das Achterwasser von der Krumminer Wiek im Westen trennt, gehört zu den schönsten Küstenlandschaften. Der über weite Strecken mit Betonplatten befestigte Radweg ist 20 km lang und mit grünen Balken markiert.

AUSFLÜGE & TOUREN

An der B 111 in *Zinnowitz (S. 48)* radeln Sie auf der wenig befahrenen Straße in Richtung Lütow los, vorbei am *Ziesberg,* einer 15 m hohen Erhebung. Links schauen Sie über Felder und Wiesen zum Achterwasser. Nach dem Friedhof am Ziesberg wird der Weg zur Kirschbaumallee; die Bäume begleiten Sie bis zu dem *Eichholz* genannten Wald, in dem Sie nach links auf den Plattenweg einbiegen. Verlassen Sie den Wald, sind die ersten der Pumpstationen zu sehen, die seit Mitte der 1960er-Jahre Erdöl und -gas fördern. Sie überqueren eine Straße, die rechts nach Neuendorf führt, und fahren geradeaus nach *Netzelkow* mit seiner am Weg stehenden turmlosen, mittelalterlichen Backsteinkirche. Im frei stehenden Glockenstuhl hängen Glocken aus dem 15. Jh.

Bis zum nächsten Ziel Lütow sind es auf dem alten Kirchsteig 3 km. Am Wegesrand verbirgt sich rechts unter einer knorrigen Eiche das einzige *Großsteingrab* Usedoms, dessen Alter auf 3500 Jahre geschätzt wird. Ist die Landstraße erreicht, können Sie während eines Abstechers nach links auf das Achterwasser schauen. Der beschriebene Wanderweg führt jedoch am Lütower Ortseingang westlich weiter zum *Naturschutzgebiet Südspitze Gnitz (S. 51).* Zunächst geht's am Ufer des Achterwassers entlang, doch viel schönere Bilder haben Sie, wenn Sie den ❋ Hang hinaufgehen und dort das Auge über Achterwasser und Peenestrom bis zum Kirchturm von Lassan schweifen lassen. Von *Möwenort* am Südzipfel des Gnitz führt der Weg durch Wiesen und Wald zum Ortsrand von Neuendorf und von dort zum Ausgangspunkt zurück.

4 IM LIEPER WINKEL UNTERWEGS

Das flache Land zwischen Peenestrom und Achterwasser gehört zu den ursprünglichsten und stillsten Winkeln Usedoms. Die Radwanderung hat eine Länge von rund 26 km.

Nehmen Sie von *Usedom (S. 70)* aus die B 110, und biegen Sie nach 3,5 km links ab in Richtung Lieper Winkel. Auf einer guten Asphaltstraße radeln Sie durch einen Mischwald, den *Usedomer Stadtforst,* nach *Suckow* und halten sich dort an der Straßengabelung links. Hinter dem Dorf führt die Straße am Naturdenkmal *Sockeleiche* vorbei. Der Baum mit einem Stammumfang von 6,50 m wächst auf einem Hügelgrab. Den weiteren Weg zum Dorf *Krienke* säumen Kastanien. In *Rankwitz* lädt am kleinen Hafen am Ortseingang ein Fischimbiss zur Rast.

❋ Von Rankwitz führt eine herrliche Kastanienallee nach *Liepe,* dessen turmlose Kirche hinter hohen Bäumen kaum zu sehen ist. Weiter geht es auf einem Plattenweg durch Wiesen und Felder nach *Reestow* und von dort in nördlicher Richtung zum *Warther Haken* mit einer kleinen Badestelle. Der am Achterwasser entlangführende, sandige Weg ist holprig, zwingt also zum geruhsamen Fahren. Das unscheinbare *Warthe* empfängt mit kleinen rohrgedeckten Häusern, einem Minihafen mit kleinen Booten und einem Storchennest. Am *Kusenberg* vorbei, einer Anhöhe von nicht mal 7 m mit einer Hand voll Häusern, erreichen Sie *Quilitz.* Radeln Sie weiter nach Rankwitz, wo Sie denselben Weg über Suckow zurück zur B 110 nehmen.

EIN TAG AUF USEDOM

Action pur und einmalige Erlebnisse.
Gehen Sie auf Tour mit unserem Szene-Scout

DER KAFFEE IST FERTIG

8:00

Wer noch etwas verschlafen ist, wird mit Sicherheit gleich wach werden. Den idealen Starter gibt's im Café *Am Deich* mit seinen 100 unterschiedlichen Kaffeesorten. Ein Favourite gewählt? Dann die Tasse langsam zur Nase führen, tief einatmen und die Ruhe vor dem Sturm genießen, denn es geht sportlich weiter! **WO?** *Feldstraße 1a, Peenemünde | www.usedom-hotel.de*

8:30

KITEFUN

Ran an den Drachen! Beim Kitesurfen sind Mut und Power die besten Verbündeten. Also nichts wie rein ins Meer und Wellen und Wind ausnutzen. Übrigens: Beim Jump darf man schon mal einen Freudenschrei loslassen. **WO?** *Peenemünder Strand, Kiteboarding Usedom | Tel. 03836 23 42 55 | 25 Euro/h | www.kiteschule-usedom.de*

FASZINATION UNTER WASSER

10:30

Abtauchen mal anders: Eintreten in die riesige Tauchgondel (Foto) und damit auf den Meeresboden schweben. Über große Sichtfenster genießt man den Blick auf die faszinierende Unterwasserwelt. 3-D-Filme, die in der Gondel gezeigt werden, versorgen einen zusätzlich mit atemberaubenden Bildern und den Geheimnissen Ozeaniens. Nicht vergessen, vor dem Auftauchen noch Grüße an Jules Verne ausrichten! **WO?** *Tauchgondel Zinnowitz, An der Strandpromenade | Tel. 038377 378 61 | 7 Euro | www.tauchgondel.de*

11:30

NEED FOR SPEED

30 Kilometer weiter braucht man nicht mehr als einen Helm, vier Räder und einige PS zum Glücklichsein. Das Quad wartet und mit ihm das beste Offroad-Erlebnis Usedoms. Absolut legal und verträglich mit der Natur Gas geben und sich in die Kurve legen – die Quad-Safari ist ein echtes Abenteuer für Adrenalin-Junkies. **WO?** *Pommernstr. 3, am Strandaufgang Seestraße, Seebad Ahlbeck bei Heringsdorf | Tel. 038378 47 17 45 | ab 49 Euro | www.quad-safari-usedom.de*

24 h

HÖHENTHRILL

15:00

Die Spannung steigt! Im Kletterwald in Ückeritz heißt es Nerven bewahren. Über eine Hängebrücke steigt man nach oben in die Baumwipfel. In zehn Metern Höhe, nur mit einem Seil gesichert, schwingt man sich von Trapez zu Trapez, um anschließend über ein Drahtseil zu balancieren. Das ist der ultimative Thrill. Jetzt nur nicht nach unten sehen, sondern im Stillen die Artisten im Zirkus bewundern, die so etwas tatsächlich ohne Sicherung machen! **WO?** *ca. 500 m hinter Ückeritz, unverfehlbar an der B 111, direkt am Usedomer Steingarten | 15 Euro | www.kletterwald-usedom.de*

17:30

HOT AND COOL

Wow – das war ja bisher Action pur! Nun ruft die Wellnessoase im Thermalbad *Bernsteintherme*. Die Hitze in der Strandsauna ist wahrlich schweißtreibend, zur Abkühlung geht's danach ab in die frische Ostsee. Für einen kurzen Moment stockt der Atem, doch sobald sich der kuschelige Bademantel an die Haut schmiegt, fühlt man sich wie neugeboren – versprochen! **WO?** *Dünenstraße Zinnowitz | Tel. 038377 355 00 | Thermalbad & Strandsauna ab 12 Euro | www.bernsteintherme.de*

DIE NACHT BEGINNT

19:00

Entspannt geht's weiter zum Dinner auf der Dachterrasse. Frischen Fisch oder Veggie-Food bestellen, genießen und mit einem Cocktail auf die kommende Nacht einstimmen, denn die wird heiß! In der In-Location, dem *Hühnerstall*, lässt der DJ die besten Vinyls auf den Turntables rotieren. **WO?** *Piano Bar im Travel Charme Hotel Zinnowitz, Dünenstraße 11 | www.travelcharme.de | Tanzlokal Hühnerstall, Möskenweg 24 | www.tanzlokal-huehnerstall.de*

3:00

CHILLOUT AM STRAND

Wenn das Licht in der Disko angeht, ist die Nacht auf Usedom noch nicht zu Ende. Zum Chillout treibt es das Partyvolk an den Strand. Schuhe ausziehen, den Sand an den Füßen spüren und dem sanften Rauschen der Wellen lauschen. Aber nicht die Augen schließen, sonst übersieht man noch die Sternschnuppen und kann sich nichts wünschen! **WO?** *An der schönen Promenade in Zinnowitz*

> ANGELN, GOLFEN UND WASSERSPORT

Zahlreich sind auf Usedom die Angebote für aktive Betätigung

> **Immer mehr Usedom-Urlauber betätigen sich aktiv, nur am Strand liegen ist nicht mehr in. Nicht wenige reisen nur auf die Insel, um ihren sportlichen Neigungen nachzugehen.**

Im Frühjahr und im Herbst sind das vorwiegend die Angler und Golfer; die Radler dagegen sind vom zeitigen Frühjahr bis zum späten Herbst unterwegs. Auch wer ins Wasser möchte, ist nicht mehr auf den Sommer angewiesen: Zwei Freizeitbäder

und die Schwimmbäder der Hotels laden ganzjährig zum Schwimmen ein. Die Ostseetherme zwischen Ahlbeck und Heringsdorf hat 30–33 Grad warmes Wasser, in der Bernsteintherme in Zinnowitz schwimmen Sie in angenehm temperiertem Meerwasser.

ANGELN

Die Ostsee vor Usedom, der Peenestrom und die Boddengewässer sind gute Angelreviere. Hecht, Zander,

Bild: Golfplatz am Balmer See

SPORT & AKTIVITÄTEN

Aal, Barsch, Karpfen, Schleie, Hornfisch und Flunder werden vor allem gefangen. Freier Fischfang ist jedoch nicht gestattet. Auch für die 12-Meilen-Küstenzone der Ostsee sowie die Haff- und Boddengewässer ist eine Angelberechtigung erforderlich. Die erhält nur, wer einen Fischereischein besitzt. In Mecklenburg-Vorpommern, also auch auf Usedom, gibt es seit Sommer 2005 einen *Touristen-Fischereischein.* Der kann einmal je Kalenderjahr für die Dauer von bis zu 28 aufeinanderfolgenden Tagen erworben werden. Wo es die Fischereischeine und die Angelgenehmigungen gibt, wissen die Tourist-Informationen *(www.angeln-in-mv.de)*. Einen reichlichen Fang versprechen die Angelteiche Ückeritz, die nördlich des Seebads liegen *(Tel. 038375/204 47)*. Regenbogen- und Lachsforellen, Aale, Karpfen, Störe und auch Hechte werden hier gefangen.

Insider Tipp

BOWLING

Der beliebte Volkssport wird bei *Bowling Kaiser in Heringsdorf (Tel. 038378/828 80)* auf 9 Bahnen ausgeübt. Bis zu 8 Personen können pro Bahn bowlen. Wer noch nie gespielt hat, dem wird es erklärt. Kegeln können Sie im *Romantik Strandhotel Atlantic* in Bansin *(Tel. 038378/605)*.

Ob gemütlich oder sportlich –
Usedom ist wie geschaffen für Radler

EISLAUFEN

Kufenspaß für Usedom-Urlauber wie für Einheimische bietet Heringsdorf. In der kalten Jahreszeit gibt es eine 30×60 m große Freifläche an der Promenade im Zentrum, die abends beleuchtet ist. Schlittschuhe stehen zum Mieten bereit. *Auskunft: Tourist-Information | Tel. 038378/24 51*

GOLF

Den *Golfpark Balmer See* zählen Golfer zu den schönsten in Deutschland. Denn in der unmittelbaren Um-

gebung des Platzes mit 27 Spielbahnen und Driving-Range ist noch eine nahezu intakte Natur vorhanden. Von fast jedem Standort des sanft hügeligen Platzes aus schauen die Spieler auf das Achterwasser, auf Laub- und Kiefernwälder oder auf weidende Kühe. Die Golfschule bietet Einzelunterricht und Schnupperkurse an. *Golfpark Balm | Tel. 038379/281 00 | www.golfhotel-usedom.de*

INLINESKATEN

Die Deichkronen, eigentlich für Radler und Wanderer asphaltiert, sind zum wahren Eldorado der Inlineskater geworden. Kühne Sprünge werden vor allem auf den Skaterbahnen in Ahlbeck an der Strandpromenade und in Ückeritz direkt an der B 111 hingelegt. Beliebt ist ebenfalls der Fußweg von Ahlbeck bis zur Grenze zu Polen und wieder zurück.

Inside Tipp

RAD FAHREN

Radlern steht ein etwa 150 km langes Radwegenetz zur Verfügung. Über die Insel führt der 614 km lange Seenradweg, der von Lüneburg über Anklam und die Kaiserbäder nach Wolgast führt. Fahrräder stehen in fast allen Ferienorten zum Mieten bereit, auch viele Hotels haben welche für ihre Gäste. Die Usedomer Bäderbahn befördert Fahrräder. *Radwandertouren mit Gepäckservice: Die Mecklenburger Radtour | Zunftstr. 4 | 18437 Stralsund | Tel. 03831/28 02 20 | www.mecklenburgerradtour.de*

REITEN

Durch das Usedomer Hinterland zu reiten bereitet immer mehr Touristen Freude. Ein 100 km langes, ausgeschildertes Reit- und Kutschwege-netz wurde eingerichtet. Reithallen sind in Bannemin, Benz und Trassenheide vorhanden. Auf Usedom einen Kremser oder eine Kutsche zu mieten ist ebenso unkompliziert wie eine Taxibestellung. Planwagen mit Fußheizung und Klarsichtfolie als Schutz vor Wind und Regen hat der *Pferdehof Will in Ahlbeck (Tel. 038378/28450 | www.pferdehof-will.de)*.

■ TENNIS ■

Die Ostseebäder Ahlbeck, Bansin, Heringsdorf und Zinnowitz bieten ihren Gästen Tennisplätze. Im Winter oder bei Schlechtwetter ist Tennisspielen im *Sportpark barge* in Zinnowitz (Tel. 038377/430 50 | *www.barge.de/zinnowitz*) möglich.

■ WANDERN ■

Sportliche Herausforderungen gibt es nicht, Usedom ist auch für Untrainierte bestes Terrain. Von den Bergen, von denen die Einheimischen gern sprechen, sollte sich keiner abschrecken lassen: Das sind schlichte Hügel von höchstens 60 m Höhe. Das ausgeschilderte Wanderwegenetz hat eine Gesamtlänge von rund 400 km. Zahlreiche Kurverwaltungen bieten auch organisierte Wanderungen an.

■ WASSERSPORT ■

Auf der Ostsee und auf den Boddengewässern wird gesurft, gerudert, gesegelt und mit dem Motorboot gefahren. Neben den Häfen Peenemünde und Karlshagen gibt es am Achterwasser viele kleinere für Boote mit geringem Tiefgang. Surfanfänger finden auf dem Achterwasser bei Ückeritz ideale Bedingungen, Könner schwärmen von der Pommerschen Bucht vor der Küste der Kaiserbäder und dem Achterwasser bei Lütow. Tret-, Ruder-, Paddel- und Segelboote stehen in fast allen Ostseebädern am Strand sowie am Kleinen Krebssee zum Mieten bereit. Die *Segelschule Rückenwind in Wolgast (Tel. 03836/60 00 13 | www.segelschule-rueckenwind.de)* bietet Kurse zum Erwerb des Sportbootführerscheins und speziell für Urlauber dreitägige Schnupper-Segelkurse. Kinder lernen das Segeln in der „Opti" genannten kleinen Segeljolle; das richtige Alter dafür ist 6–12 Jahre.

Wissen, woher der Wind weht: Usedom hat ideale Segelreviere

> PAPAGEI JACKO SAGT FREUNDLICH „HALLO"

Die Insel bietet auch für Kinder amüsante Vergnügungen

> Tagtäglich im Sand buddeln kann mit der Zeit langweilig werden, und wenn dann noch das Wetter nicht so recht mitspielt, werden selbst die liebsten Kleinen quengelig. Viele Eltern sehen dann im Hotelschwimmbad – sofern vorhanden – den einzigen Ausweg, ihre Kleinen bei Laune zu halten. Oder sie schicken sie auf einen der Abenteuerspielplätze, die es in fast jedem Ostseebad gibt. Doch auf Usedom gibt es noch vieles mehr, was Kinderherzen erfreut.

Bild: Kinder am Strand von Bansin

■ INSELTORE

MUSEUMSHAFEN [106 C4–5]

Wolgast wartet mit einem Weltrekord besonderer Art auf: Im Museumshafen liegt das älteste erhaltene Dampffährschiff der Welt. 1890 vom Stapel gelaufen, bugsierte die „Stralsund" unter anderem Waggons und Personen über den Strelasund. 1995 unternahm sie ihre letzte Fahrt, seitdem wurde sie für immer am Peeneufer vertäut. Wer sich auf der „Stralsund"

MIT KINDERN REISEN

wie der Kapitän fühlen möchte, schaut in die geöffnete Kapitänskammer. Neben dem Fährschiff bekam der kleine, 100 Jahre alte Schlepper „Steppke" seinen letzten Liegeplatz. *Juni–Aug. Mo–Fr 10–18, Sa/So 10 bis 16, Sept.–Mai Di–Fr 10–17, Sa 10–14 Uhr | Eintritt 2, Kinder 1 Euro*

OTTO-LILIENTHAL-MUSEUM [110 C5]

Das Museum in Anklam erzählt, wie der Traum vom Fliegen Realität wurde. Verwirklicht hat ihn der in Anklam geborene Otto Lilienthal, dessen Namen das Museum trägt. 14 Flugzeugkonstruktionen Lilienthals sind zu sehen. Junge Besucher sitzen meist stundenlang an den Flugsimulatoren, die Jüngsten dagegen spielen mit den Anker-Steinbaukästen – auch die hat Otto Lilienthal entwickelt, gemeinsam mit seinem Bruder. *Juni bis Sept. tgl. 10–17, Mai, Okt., Ferien Di bis Fr 10–17, Sa/So 13–17, Nov. bis*

April Mi–Fr 11–15.30, So 13–15.30 Uhr | Ellbogenstr. 1 | www.lilienthal-museum.de | Eintritt 3,50, Kinder 2,50 Euro

■ DER NORDEN ■

KINDERLAND USEDOM [107 D3]
Die meisten Kinder zieht es zuerst zum Streichelgehege. Kaninchen und Meerschweinchen dürfen auf den Arm genommen und gefüttert werden. Weiter geht es zum historischen Kinderkarussell, zur Hüpfburg, zu den Trampolinen oder den „verrückten Fahrrädern". In diesem Paradies für Kinder ist Herumtoben ausdrücklich erwünscht. Und es gibt so manche Träne, wenn es wieder nach Hause geht. Ungewöhnlich, aber angemessen ist der Eintrittspreis, Kinder zahlen mehr als Erwachsene. *April–Okt. tgl. 10–19, Nov.–März Sa/So, Fei und Ferien 10–19 Uhr | Wiesenweg 1 | Trassenheide | Tel. 0175/418 60 77 | www.usedompark-kinderland.de | Eintritt 2, Kinder 6 Euro*

KULTUR-HOF [107 D4]
Ziegen, Schafe, Kaninchen und Tauben leben im *Landwirtschaftlichen Erlebnisbereich*. In einem Bauerngarten wachsen Kräuter und seltene Gemüsesorten; auch bäuerliches Gerät ist zu sehen. Manchmal wird Besonderes geboten: Schaudreschen, Erntefeste oder ein Hubertustag mit Jagdhornbläsern. Der *Landwirtschaftliche Erlebnisbereich* zeigt, wie sich das bäuerliche Leben und die Landwirtschaft entwickelt haben. *Mai–Okt. Mo–Fr 10–18, Sa/So 11 bis 18, Nov.–April Mo–Fr 10–16, Sa 11 bis 16 Uhr | Mölschow | Tel. 038378/414 23 | Eintritt 3, Kinder 1,50 Euro*

PHÄNOMENTA [106 C2]
Der Mondhüpfer reduziert das Gewicht des Benutzers auf ein Sechstel der Erdschwere, jeder kann dann meterweit hüpfen und so erleben, wie sich die Astronauten auf dem Mond gefühlt haben. Alles, was in der Ausstellung in Peenemünde steht, darf berührt werden. Man soll es sogar anfassen, um spielend und oft staunend physikalische Grundgesetze zu überprüfen – Physikunterricht auf andere Art. Geduld und Geschick sind gefragt, um z. B. mit einem kleinen Magneten einer großen Tonne den erforderlichen Schwung zu versetzen. Wer schwindelfrei ist und Mut besitzt, darf sich in den Astronautentrainer setzen. Soll das Erlebte auf Papier festgehalten werden, geht es ins Kindermalzimmer. *Mitte März bis Okt. tgl. 10–18, Weihnachten, Neujahr, Winterferien tgl. 10–16 Uhr | Museumsstr. 12 | Peenemünde | www.phaenomenta-peenemuende.de | Eintritt 7, Kinder 5 Euro*

■ DER SÜDEN ■

MUSCHELMUSEUM [109 D4]
Die Meere der Welt halten Wunderschönes bereit: Schnecken, Muscheln, Korallen, Perlen und Bernstein. Die meisten der im Muschelmuseum in Heringsdorf präsentierten Gehäuse stammen aus den Philippinen und aus Thailand. Dort werden die Überbleibsel kulinarischer Genüsse nicht weggeworfen, sondern gereinigt und ein zweites Mal zu Geld gemacht. Insgesamt etwa 3000 Exponate sind in dem kleinen Museum zu sehen. Die größte ausgestellte Muschel ist 75 cm lang und 95 kg schwer, damit übertrifft sie die am

Ostseestrand liegenden Muschelschalen um ein Vielfaches. *Juni bis Sept. tgl. 9–21, Okt.–Mai tgl. 10–18 Uhr | Seebrücke-Landgebäude | Tel. 038378/325 79 | Eintritt 3, Kinder 1,50 Euro*

STORCHENPARK [109 D4]

In Gothen bei Heringsdorf ist vom Frühjahr bis zum Spätsommer das Klappern des Weißstorchs zu vernehmen. Mit dem Klappern der Schnabelhälften wird die Paarung eingeleitet, geklappert wird aber auch bei Störungen. Etwa, wenn die Besucher auf dem nahen Platz, dem „Storchenpark", sich nicht ruhig verhalten. Von hier aus ist der Horst auf dem schräg gegenüberliegenden Scheunendach

Am Strand von Zinnowitz haben Luftakrobaten ihren Spaß

gut zu beobachten. Hinweisschilder verzeichnen alle Storchenankünfte und -abflüge seit 1963. Die Nahrungsbeschaffung übernehmen beide Altvögel, einer bleibt aber immer auf dem Horst, er hält Wache und schützt die Kleinen gegen Wetterunbilden. Somit ist in Gothen immer mindestens einer der Störche zu sehen.

TROPENHAUS [109 D4]

Wenn er guter Dinge ist, begrüßt Papagei Jacko die Besucher mit einem freundlichen „Hallo". Absolute Lieblinge im Tropenhaus Bansin sind jedoch die quirligen Weißbüscheläffchen. In den Volieren lärmen Sittiche und Finken, im Streichelgehege stehen Esel im Mittelpunkt. Insgesamt leben hier etwa 150 Tiere 30 verschiedener Arten. *April–Okt. tgl. 10 bis 18, Nov.–März 10–16 Uhr | Goethestr. 10 | Tel. 038378/25 40 | www. tropenhaus-bansin.de | Eintritt 4, Kinder 1,50 Euro*

◼ SWINEMÜNDE

SCHIFFSTOUR ZUM NACHBARN [109 D–F 4–5]

Bei der einstündigen Seefahrt von Bansin, Heringsdorf oder Ahlbeck gibt es vor allem bei der Einfahrt in den Swinemünder Hafen viel zu sehen. Für kleine Landratten ist die Schiffsreise ins Nachbarland ein Erlebnis. In Swinemünde geht's weiter: Mit der Fähre setzen Sie über die Swine, dann besteigen Sie am Ostufer den Leuchtturm, der den Blick dorthin ermöglicht, wo man einige Stunden zuvor losgefahren ist. *Reedereibüro | Tel. 038378/477 90 | www. adler-schiffe.de | Fahrt 7,50, Kinder 3,80 Euro*

> VON ANREISE BIS ZEITUNGEN

Urlaub von Anfang bis Ende: die wichtigsten Adressen und Informationen für Ihre Usedomreise

ANREISE

AUTO

Aus Richtung Berlin auf der A 11 bis zum Autobahnkreuz Uckermark, weiter auf der neuen A 20 bis zur Anschlussstelle Anklam und weiter auf der B 199. Aus Richtung Hamburg auf der neuen A 20 bis zur Anschlussstelle Gützkow und von dort entweder in Richtung Wolgast (Norden Usedoms) oder in Richtung Anklam (Süden).

BAHN

Aus dem Norden bis Stralsund, von Süden bis Züssow an der Strecke Berlin–Greifswald–Stralsund und weiter mit der Usedomer Bäderbahn;

die fährt nach Peenemünde und bis Swinemünde. Aus dem Südwesten ist die Anreise mit dem modernen Nachtreisezug „Berliner" der City-Night-Line angenehm. Ab Zürich geht es mit Zustiegen in Basel, Freiburg, Offenburg, Karlsruhe, Mannheim und Frankfurt/M. nach Berlin; von dort bestehen Tagesverbindungen nach Usedom.

FLUGZEUG

Zum Flugplatz Heringsdorf besteht von Mai bis Oktober Linienflugverkehr von mehreren deutschen Städten. *Airport Touristik Center | Tel. 03876/200 30 | Fax 200 40 | www. flughafen-heringsdorf.de*

PRAKTISCHE HINWEISE

BADEN

Große Strandbereiche werden von der Deutschen Lebensrettungsgesellschaft (DLRG) bewacht. Aus Sicherheitsgründen sollte nur dort gebadet werden.

BRÜCKENSPERRUNGEN

Um auch größeren Schiffen die Durchfahrt zu ermöglichen, werden die beiden Brücken, die Usedom mit dem Festland verbinden, mehrmals am Tag zu festen Zeiten für maximal 30 Min. hochgeklappt. Peenebrücke Wolgast (B 111): *5.20, 7.40 Uhr (Mai–Anf. Okt.), 8.40 (Anf. Okt. bis April), 12.40, 16.40, 20.40 und 23.30 Uhr (bei Bedarf).* Peenestrombrücke bei Zecherin (B 110): *5.35, 8.35, 12.35, 16.35, 20.35 Uhr*

GRENZÜBERTRITT

Radfahrer und Fußgänger passieren die deutsch-polnische Grenze in Ahlbeck/Swinoujscie an der B 111. 2007 öffnete ein weiterer Grenzübergang in Garz, den zusätzlich auch Busse nutzen dürfen. Seit Sommer 2004 gelten zollrechtlich die EU-Bestimmungen: Was für den privaten Gebrauch bestimmt ist, darf ein- und ausgeführt werden. Eine Ausnahme bilden jedoch Zigaretten. Auf Grund des großen Steuergefälles dürfen aus Polen bis Ende 2008 nicht mehr als 200 Zigaretten ausgeführt werden, im kleinen Grenzverkehr (15 km entlang der Grenze) sind sogar nur 40 Zigaretten erlaubt. Auskunft:

> WAS KOSTET WIE VIEL?

> KAFFEE	**CA. 2,50 EURO**	für ein Kännchen
> BIER	**CA. 1,90 EURO**	für 0,3 l vom Fass
> KURTAXE	**MAX. 2,50 EURO**	pro Tag in der Hauptsaison
> STRANDKORB	**MAX. 6 EURO**	Miete pro Tag
> FAHRRAD	**5–6 EURO**	Miete für einen Tag
> MEERWASSERBAD	**7 EURO**	für 3 Std. in der Bernsteintherme

Bundesgrenzschutz | Tel. 038378/23 00; Zollamt | Tel. 038378/46 51 10

INTERNET

Informationen über Usedom: *www. usedom.de*; Informations- und Onlinebuchungssystem der Insel Usedom: *www.usedom.com*; alles übers Bundesland: *www.mecklenburg-vorpommern.eu*; vieles rund um Vorpommern: *www.vorpommern-aktuell. com/index.php*; einiges über das Nachbarland Polen: *www.polen-info.de*; Verkehrsverbindungen in Vorpommern: *www.verkehr.region-vorpommern.de/verkehr.html*; Bäderarchitektur in den aiserbädern: *www.baeder architektur.de*; Usedoms schönste Orte in Rundblickpanoramen: *www. mvweb.de/panoramen*; Wellness auf Usedom: *www.wellness.usedom.de*; Leuchttürme von Darßer Ort bis Swinemünde: *www.leuchtturmtour.de*; das aktuelle Usedom-Wetter mit Hinweisen für Wassersportler: *www.mv-wetter.info/regio?reg=Usedom*; 32 Museen im deutschen und polnischen Teil Pommerns: *www.pommersche-museen.de*; Störche in der Region: *www.stoerche.region-vorpommern.de /index.htm*; Infos über die Ostseeküste von Süd-Dänemark über Usedom bis Polen: *www.ostsee-netz.de*; Humorvolles und Kurioses von Usedom: *www.usedomspotter.de*; Wasserqualität der Ostsee und der Binnengewässer: *www.sozial-mv.de*

Drahtloses Surfen im Internet mit WLAN-Hotspots ist in den Hotels auf Usedom noch wenig verbreitet.

▓▓ INTERNETCAFÉS ▓▓

Für diejenigen, die ohne Laptop angereist sind und im Internet surfen oder ihre Mails abholen möchten, seien folgende Adressen genannt:
– *Kaiserbäder-Internet-Café | Heringsdorf | Seestr. 17 | Tel. 038378/ 330 86 | www.kaiserbaeder-i-cafe.de*
– *Internet-Café Nautic | Koserow | Triftweg 4 | Tel. 038375/25 50 | www.hotel-nautic.de*

▓▓ NOTRUFE ▓▓

Feuerwehr, Rettungsdienst: *Tel. 112*
Polizei: *Tel. 110*
Pannennotruf des ADAC rund um die Uhr: *Tel. 01802/22 22 22*

WETTER AUF USEDOM

	Jan.	Feb.	März	April	Mai	Juni	Juli	Aug.	Sept.	Okt.	Nov.	Dez.
	2	2	6	10	16	20	21	21	18	13	7	3
Tagestemperaturen in ºC												
	–3	–3	–1	3	7	11	13	13	10	6	2	–1
Nachttemperaturen in ºC												
	1	2	4	6	8	9	8	7	6	4	2	1
Sonnenschein Std./Tag												
	9	8	8	8	9	9	10	9	9	7	9	10
Niederschlag Tage/Monat												
	3	2	3	5	9	13	17	17	15	12	8	5
Wassertemperaturen in ºC												

PRAKTISCHE HINWEISE

Auf der Seebrücke Ahlbeck

ÖFFNUNGSZEITEN

Wer bei den Restaurants sichergehen möchte, dass geöffnet ist, sollte sich vorher telefonisch erkundigen. Bei Museen ist der letzte Einlass häufig eine Stunde vor der genannten Schließung. Die Türen der Dorfkirchen auf Usedom sind in den Sommermonaten fast überall geöffnet. Die Ladenöffnungszeiten sind Mo bis Fr freigegeben, Sa darf bis 22 Uhr geöffnet werden. In den Ferienorten gilt die Bäderregelung: Von Februar bis November darf, von einigen Feiertagen abgesehen, sonntags 12 bis 18.30 Uhr geöffnet werden.

PREISE

In den Badeorten ist alles teurer als im Hinterland, bei den Übernachtungspreisen ebenso wie beim Essen. Alle großen Reiseveranstalter wie TUI und Neckermann haben zahlreiche Hotels auf Usedom im Angebot.

Der Preis ist generell günstiger gegenüber einer Direktbuchung beim Hotel und der Reiseveranstalter garantiert eine gesicherte Qualität. Gängige Kreditkarten werden in den meisten Hotels und größeren Restaurants akzeptiert. Bankautomaten gibt es in den Badeorten. Für den Besuch eines Museums oder eines Tierparks muss man ca. 3 Euro/Person einplanen.

STRANDKÖRBE

Von Mai bis in den Oktober hinein stehen sie am Strand zum Mieten bereit – für mehrere Tage oder auch nur für ein paar Stunden. Viele Hotels und Pensionen besitzen eigene Strandkörbe; bereits bei der Buchung können Sie sich einen reservieren lassen. Wer keinen mietet, sollte zumindest einen Windschutz aufstellen.

TELEFON & HANDY

Usedom besitzt eins der modernsten Telefonnetze in Deutschland. In den reichlich vorhandenen öffentlichen Telefonzellen gibt es meist Kartentelefone, fast alle Hotelzimmer haben Telefon. Handybesitzer haben nur kleine Funklöcher zu beklagen.

ZEITUNGEN

Die „Ostsee-Zeitung" und der „Usedom-Kurier" sind die regionalen Tageszeitungen, die in vielen Hotels ausliegen. Zweimal im Jahr erscheint das Hochglanzmagazin „Usedom-Wollin exclusiv" *(www.usedom-exclusiv.de)*. Im polnischen Inselteil und auf Wollin gibt es in Deutsch die Zeitungen „Neue Swinemünder Zeitung" und „Neue Misdroyer Zeitung", die zweimal im Jahr herauskommen *(www.isbev.com)*.

REISEATLAS
USEDOM

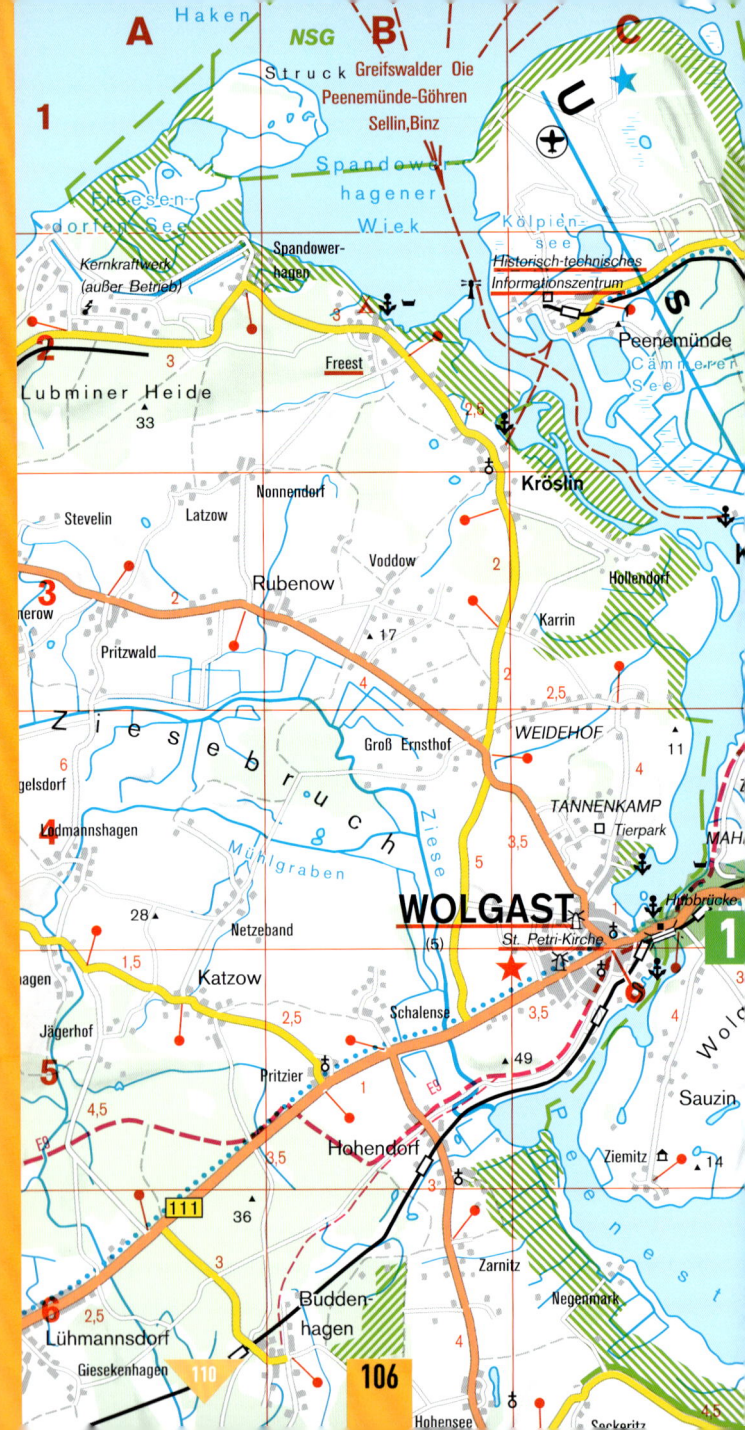

OSTSEE

D E F

1

2km

2

3

Göhren

Świnoujście
(Swinemünde)

Zinnowitz

rlshagen

Trassenheide

15

2

Mölschow

erin

111

9 3,5

2

Bannemin

1

2,5

Schwedenstraße

Zempin

Gazberge

W

3

26

Krummin

4,5

3

Neeberg

24

Neuendorf

Naturpark

3,5 Görmitz

Insel
Görmitz

Haubenhörn

2,5

Gnitz

Netzelkow

Insel Usedom

Krumminer Wiek

32

Lütow

Lieper

Winkel

Möwenort

3

4

5

6

107

4

111

Warthe

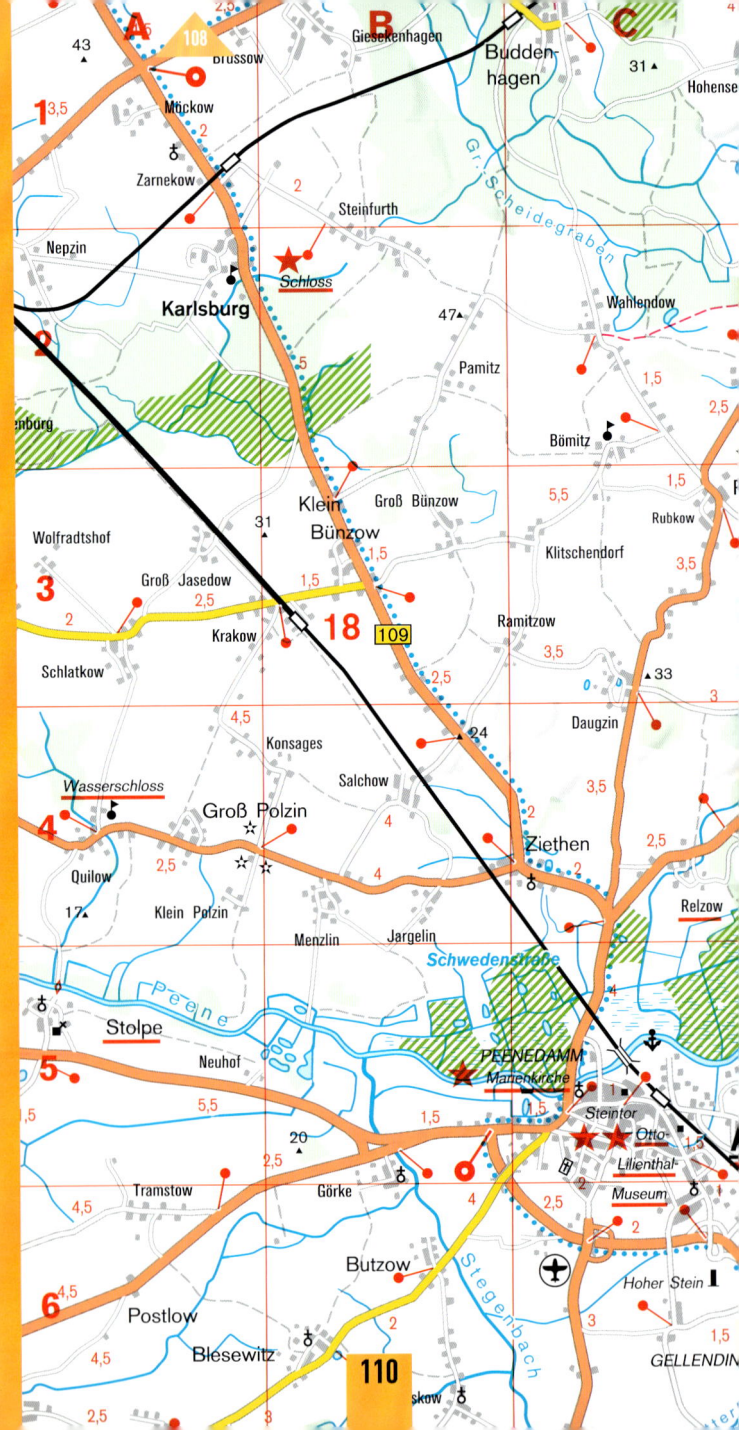

A
B
C

108

43

Brüssow

Mückow

3,5 **1**

Zarnekow

Gieckenhagen

Budden-
hagen

31

Hohense

Steinfurth

2

Grischeidegraben

Nepzin

★ Schloss

Karlsburg

Wahlendow

47

2

Pamitz

1,5

enburg

Bömitz

1,5

2,5

Klein
Bünzow

Groß Bünzow

5,5

Rubkow

Wolfradtshof

31

1,5

Klitschendorf

3,5

3

Groß Jasedow

2,5

1,5

109

18

Ramitzow

3,5

33

Krakow

Schlatkow

2

2,5

Daugzin

3

4,5

Konsages

24

Salchow

3,5

Wasserschloss

Groß Polzin

4

2,5

Ziethen

2,5

4

Quilow

2,5

Klein Polzin

Menzlin

Jargelin

Relzow

17

Schwedenstraße

Peene

Stolpe

Neuhof

PEENEDAMM

Marienkirche ★

5

5,5

1,5

1,5

Steintor

Otto-
Lilienthal-
Museum

2,5

4,5

Tramstow

20

2,5

Görke

4

2,5

2

Butzow

Hoher Stein

6

4,5

Postlow

3

Blesewitz

2

110

Stegenbach

GELLENDIN

4,5

skow

2,5

3

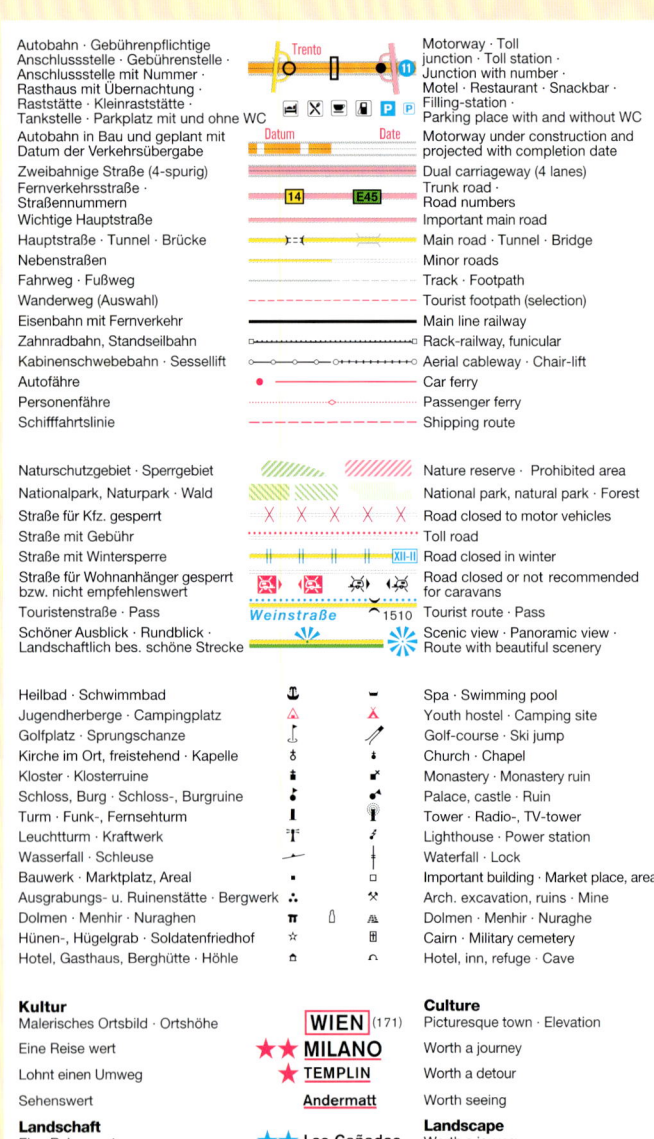

Autobahn · Gebührenpflichtige Anschlussstelle · Gebührenstelle · Anschlussstelle mit Nummer · Rasthaus mit Übernachtung · Raststätte · Kleinraststätte · Tankstelle · Parkplatz mit und ohne WC	Motorway · Toll junction · Toll station · Junction with number · Motel · Restaurant · Snackbar · Filling-station · Parking place with and without WC
Autobahn in Bau und geplant mit Datum der Verkehrsübergabe	Motorway under construction and projected with completion date
Zweibahnige Straße (4-spurig)	Dual carriageway (4 lanes)
Fernverkehrsstraße · Straßennummern	Trunk road · Road numbers
Wichtige Hauptstraße	Important main road
Hauptstraße · Tunnel · Brücke	Main road · Tunnel · Bridge
Nebenstraßen	Minor roads
Fahrweg · Fußweg	Track · Footpath
Wanderweg (Auswahl)	Tourist footpath (selection)
Eisenbahn mit Fernverkehr	Main line railway
Zahnradbahn, Standseilbahn	Rack-railway, funicular
Kabinenschwebebahn · Sessellift	Aerial cableway · Chair-lift
Autofähre	Car ferry
Personenfähre	Passenger ferry
Schifffahrtslinie	Shipping route
Naturschutzgebiet · Sperrgebiet	Nature reserve · Prohibited area
Nationalpark, Naturpark · Wald	National park, natural park · Forest
Straße für Kfz. gesperrt	Road closed to motor vehicles
Straße mit Gebühr	Toll road
Straße mit Wintersperre	Road closed in winter
Straße für Wohnanhänger gesperrt bzw. nicht empfehlenswert	Road closed or not recommended for caravans
Touristenstraße · Pass	Tourist route · Pass
Schöner Ausblick · Rundblick · Landschaftlich bes. schöne Strecke	Scenic view · Panoramic view · Route with beautiful scenery
Heilbad · Schwimmbad	Spa · Swimming pool
Jugendherberge · Campingplatz	Youth hostel · Camping site
Golfplatz · Sprungschanze	Golf-course · Ski jump
Kirche im Ort, freistehend · Kapelle	Church · Chapel
Kloster · Klosterruine	Monastery · Monastery ruin
Schloss, Burg · Schloss-, Burgruine	Palace, castle · Ruin
Turm · Funk-, Fernsehturm	Tower · Radio-, TV-tower
Leuchtturm · Kraftwerk	Lighthouse · Power station
Wasserfall · Schleuse	Waterfall · Lock
Bauwerk · Marktplatz, Areal	Important building · Market place, area
Ausgrabungs- u. Ruinenstätte · Bergwerk	Arch. excavation, ruins · Mine
Dolmen · Menhir · Nuraghen	Dolmen · Menhir · Nuraghe
Hünen-, Hügelgrab · Soldatenfriedhof	Cairn · Military cemetery
Hotel, Gasthaus, Berghütte · Höhle	Hotel, inn, refuge · Cave

Kultur / **Culture**

Malerisches Ortsbild · Ortshöhe	Picturesque town · Elevation
Eine Reise wert	Worth a journey
Lohnt einen Umweg	Worth a detour
Sehenswert	Worth seeing

Landschaft / **Landscape**

Eine Reise wert	Worth a journey
Lohnt einen Umweg	Worth a detour
Sehenswert	Worth seeing

Ausflüge & Touren / **Excursions & tours**

REGISTER

Im Register sind alle in diesem Reiseführer erwähnten Orte und Ausflugsziele sowie wichtige Sachbegriffe und Namen verzeichnet. Halbfette Seitenzahlen verweisen auf den Haupteintrag, kursive auf ein Foto.

> **www.marcopolo.de/usedom**

> SCHREIBEN SIE UNS!

Liebe Leserin, lieber Leser,

wir setzen alles daran, Ihnen möglichst aktuelle Informationen mit auf die Reise zu geben. Dennoch schleichen sich manchmal Fehler ein – trotz gründlicher Recherche unserer Autoren/innen. Sie haben sicherlich Verständnis, dass der Verlag dafür keine Haftung übernehmen kann.

Wir freuen uns aber, wenn Sie uns schreiben.

Senden Sie Ihre Post an die MARCO POLO Redaktion, MAIRDUMONT, Postfach 31 51, 73751 Ostfildern, info@marcopolo.de

IMPRESSUM

Titelbild: Ahlbeck, Seebrücke (Laif: Westrich)
Fotos: Bernsteintherme GmbH & Co KG (91 r.M.); Fotostudio Böttcher (104/105); R. Freyer (8, 30/31, 78/79, 80, 82, 83); Gunnar Gotter (14 u.); R. Hackenberg (Klappe l.); Edwin Hagedoorn (15 u.); HB Verlag: Kirchner (Klappe M., 3 M., 3 r., 4 l., 18, 21, 23, 34, 38, 49, 51, 67, 86, 88, 94, 103); O. Heinze (26); Christian Horn/www.Kiteschule-Usedom.de (90 r.M.); F. Ihlow (11, 39, 41, 72/73); © iStockphoto.com: Gustav Brundin (13 u.), graham heywood (14 o.), Valerie Loiseleux (14 M.); Kletterwald Usedom/Hans-Joachim Kracht (91 o.l.); G. Knoll (54/55); T. Krüger (5, 6/7, 24/25, 70); Laif: Amme (28/29), Kirchner (Klappe r., 2 l., 2 r., 3 l., 4 r., 16/17, 22/23, 28, 47, 52/53, 56, 61, 64/65, 69, 87, 92/93, 95, 99), Westrich (1), Zanettini (62); S. Lubenow (29, 96/97); Mauritius: Chassot (44), Krüger (36/37, 84/85,); Food and Drink (27); MeynMedia/Silvio Meyn (90 o.l.); MyDays (15 o.); OKF Media (91 l.M.); picture alliance/dpa: Sauer (22 l.); Quad-Safari & Verleih (90 u.r.); T. Stankiewicz (32, 43); K. Sucher (119 l.); K. Thiele (59); Usedom Beachcup Förderverein e.V./1. Vorstand Sebastian Krause (13 o.); Usedom Tourismus GmbH (91 u.r.); Visum: Steche (74); Vorpommersche Landesbühne Anklam (12 u.); Vanessa Wiese (12 o., 90 l.M.); B. Wurlitzer (77, 119 r.)

10., aktualisierte Auflage 2008

© MAIRDUMONT GmbH & Co. KG, Ostfildern
Verlegerin: Stephanie Mair-Huydts; Chefredaktion: Michaela Lienemann, Marion Zorn
Autoren: Kerstin Sucher, Bernd Wurlitzer; Redaktion: Jochen Schürmann
Programmbetreuung: Leonie Dlugosch, Nadia Al Kureischi; Bildredaktion: Gabriele Forst, Helge Rösch
Szene/24h: Dr. Patrick Krause, Köln, wunder media, München
Kartografie Reiseatlas: © MAIRDUMONT, Ostfildern
Innengestaltung: Zum goldenen Hirschen, Hamburg; Titel/S. 1–3: Factor Product, München
Sprachführer: In Zusammenarbeit mit Ernst Klett Sprachen GmbH, Stuttgart, Redaktion PONS Wörterbücher

Printed in Germany. Gedruckt auf 100% chlorfrei gebleichtem Papier

FÜR IHRE NÄCHSTE REISE

gibt es folgende MARCO POLO Titel:

DEUTSCHLAND
Allgäu
Amrum/Föhr
Bayerischer Wald
Berlin
Bodensee
Chiemgau/Berchtesgadener Land
Dresden/Sächsische Schweiz
Düsseldorf
Eifel
Erzgebirge/Vogtland
Franken
Frankfurt
Hamburg
Harz
Heidelberg
Köln
Lausitz/Spreewald/Zittauer Gebirge
Leipzig
Lüneburger Heide/Wendland
Mark Brandenburg
Mecklenburgische Seenplatte
Mosel
München
Nordseeküste Schleswig-Holstein
Oberbayern
Ostfriesische Inseln
Ostfriesland/Nordseeküste/Niedersachsen/Helgoland
Ostseeküste Mecklenburg-Vorpommern
Ostseeküste Schleswig-Holstein
Pfalz
Potsdam
Rheingau/Wiesbaden
Rügen/Hiddensee/Stralsund
Ruhrgebiet
Schwäbische Alb
Schwarzwald
Stuttgart
Sylt
Thüringen
Usedom
Weimar

ÖSTERREICH | SCHWEIZ
Berner Oberland/Bern
Kärnten
Österreich
Salzburger Land
Schweiz
Tessin
Tirol
Wien
Zürich

FRANKREICH
Bretagne
Burgund
Côte d'Azur/Monaco
Elsass
Frankreich
Französische Atlantikküste
Korsika
Languedoc Roussillon
Loire-Tal
Normandie
Paris
Provence

ITALIEN | MALTA
Apulien
Capri
Dolomiten
Elba/Toskanischer Archipel
Emilia-Romagna
Florenz
Gardasee
Golf von Neapel
Ischia
Italien
Italienische Adria
Italien Nord
Italien Süd
Kalabrien
Ligurien/Cinque Terre
Mailand/Lombardei
Malta/Gozo
Oberital. Seen
Piemont/Turin
Rom
Sardinien
Sizilien/Liparische Inseln
Südtirol
Toskana
Umbrien
Venedig
Venetien/Friaul

SPANIEN | PORTUGAL
Algarve
Andalusien
Barcelona
Baskenland/Bilbao
Costa Blanca
Costa Brava
Costa del Sol/Granada
Fuerteventura
Gran Canaria
Ibiza/Formentera
Jakobsweg/Spanien
La Gomera/El Hierro
Lanzarote
La Palma
Lissabon
Madeira
Madrid
Mallorca
Menorca
Portugal
Spanien
Teneriffa

NORDEUROPA
Bornholm
Dänemark
Finnland
Island
Kopenhagen
Norwegen
Schweden
Südschweden/Stockholm

WESTEUROPA | BENELUX
Amsterdam
Brüssel
Dublin
England
Flandern
Irland
Kanalinseln
London
Luxemburg
Niederlande
Niederländische Küste
Schottland
Südengland

OSTEUROPA
Baltikum
Budapest
Estland
Kaliningrader Gebiet
Lettland
Litauen/Kurische Nehrung
Masurische Seen
Moskau
Plattensee
Polen
Polnische Ostseeküste/Danzig
Prag
Riesengebirge
Rumänien
Russland
Slowakei
St. Petersburg
Tschechien
Ungarn
Warschau

SÜDOSTEUROPA
Bulgarien
Bulgarische Schwarzmeerküste
Kroatische Küste/Dalmatien
Kroatische Küste/Istrien/Kvarner
Montenegro
Slowenien

GRIECHENLAND | TÜRKEI
Athen
Chalkidiki
Griechenland Festland
Griechische Inseln/Ägäis
Istanbul
Korfu
Kos
Kreta
Peloponnes
Rhodos
Samos
Santorin
Türkei
Türkische Südküste
Türkische Westküste
Zakinthos
Zypern

NORDAMERIKA
Alaska
Chicago und die Großen Seen
Florida
Hawaii
Kalifornien
Kanada
Kanada Ost
Kanada West
Las Vegas
Los Angeles
New York
San Francisco
USA
USA Neuengland/Long Island
USA Ost
USA Südstaaten/New Orleans
USA Südwest
USA West
Washington D.C.

MITTEL- UND SÜDAMERIKA
Argentinien
Brasilien
Chile
Costa Rica
Dominikanische Republik
Jamaika
Karibik/Große Antillen
Karibik/Kleine Antillen
Kuba
Mexiko
Peru/Bolivien
Venezuela
Yucatán

AFRIKA | VORDERER ORIENT
Ägypten
Djerba/Südtunesien
Dubai/Vereinigte Arabische Emirate
Israel
Jerusalem
Jordanien
Kapstadt/Wine Lands/Garden Route
Kenia
Marokko
Namibia
Qatar/Bahrain/Kuwait
Rotes Meer/Sinai
Südafrika
Tunesien

ASIEN
Bali/Lombok
Bangkok
China
Hongkong/Macau
Indien
Japan
Ko Samui/Ko Phangan
Malaysia
Nepal
Peking
Philippinen
Phuket
Rajasthan
Shanghai
Singapur
Sri Lanka
Thailand
Tokio
Vietnam

INDISCHER OZEAN | PAZIFIK
Australien
Malediven
Mauritius
Neuseeland
Seychellen
Südsee

> UNSERE INSIDER

MARCO POLO Autoren Kerstin Sucher und
Bernd Wurlitzer im Interview

Kerstin Sucher und Bernd Wurlitzer leben in Berlin. Die beiden Reisejournalisten haben sich auf die neuen Bundesländer spezialisiert. In Mecklenburg-Vorpommern sind sie jährlich viele Wochen unterwegs; durch zahlreiche Veröffentlichungen gelten beide als profunde Kenner des Bundeslandes.

Sie fahren seit Jahren nach Usedom. Wie ist es dazu gekommen?

K.S.: Beide kennen wir die Insel seit unserer Kindheit, waren viel mit den Eltern hier. Wir lieben die vielgestaltige Landschaft, die Meeresbrandung und Sanddornhecken, die verträumten Dörfer und lebhaften Badeorte. Und nicht zuletzt die Menschen.

Was genau machen Sie beruflich?

B.W.: Wir arbeiten als Tourismusjournalisten. Ich habe Journalistik und Fotodesign studiert und war schon zu DDR-Zeiten als freier Journalist tätig. Von mir gibt es mehr als drei Dutzend touristischer, kunstgeschichtlicher und länderkundlicher Bücher.
K.S.: Ich bin Diplom-Sprachmittlerin (Dolmetscherin/Übersetzerin), dem Tourismus habe ich mich nach der Einheit zugewandt. In Weimar war ich für das Auslandsmarketing zuständig und habe dadurch die Welt von London bis Tokio bereist. Seit einigen Jahren arbeite ich mit Bernd zusammen, habe mit ihm Reiseführer geschrieben und aktualisiert, ferner sind wir für deutschsprachige Zeitungen im Ausland tätig.

Kommen Sie viel auf Usedom herum?

K.S.: Ja, denn wir sind den vielen Veränderungen ständig auf der Spur. Meist geht es einmal im Jahr auch nach Ruden und auf die Greifswalder Oie. Bernd war der erste Reiseführerautor, der diese Inseln publizistisch wieder entdeckt hat. Deshalb gibt es in diesem Band auch ein eigenes Kapitel über die beiden Naturkleinode. Da wir auch bei vielen Fachveranstaltungen und Events dabei sind, besteht eine enge Bindung zu Usedom.

Was prädestiniert sie als Autoren dieses MARCO POLO Bandes?

B.W.: Wer sich in einer Region bestens auskennt, wer weiß, wann und wo etwas Neues passiert, wer viele Drähte zu vor Ort lebenden Menschen hat, der ist unserer Meinung nach dafür prädestiniert. Besonders wichtig: Man muss die Region lieben!

Mögen Sie die Küche von Usedom?

B.W.: Wir essen beide gern Fisch, den es an der Küste immer frisch gibt. Ich mag am liebsten Dorsch in Senfsoße, Kerstin wählt besonders gern frischen Zander.

> BLOSS NICHT!

Ein paar Tipps, wie Ihre Urlaubsfreude nicht getrübt wird

Fischwilderei begehen

Wer ohne Angelerlaubnis angelt, begeht Fischwilderei. Die wird geahndet. Zu den Fanggeräten der Berufsfischer sind mindestens 100 m Abstand zu halten. Die Fischmeister haben als Hilfsbeamte der Staatsanwaltschaft polizeiliche Befugnisse, sie ahnden als Bußgeldbehörde die Vergehen. Ihnen sind die Dokumente, die Fanggeräte und die gefangenen Fische vorzuzeigen.

Leichtsinnig sein beim Baden

Bei bewachten Stränden ist der Badebereich durch Bojen abgesteckt. Mut und Sportlichkeit sollten nicht durch Missachtung dieser Begrenzungen demonstriert werden. Achten Sie auch auf plötzlich aufkommende ablandige Winde, die Luftmatratzen, Schwimmringe und kleine Boote schnell auf See treiben. Ohne fremde Hilfe kommen diese selten wieder an Land. Ärger gibt es für jene, die unbegründet um Hilfe rufen.

Dünenschutz missachten

Die durch Strandhafer gefestigten Dünen dienen als Bollwerk gegen Sturmhochwasser, sie dürfen nur auf Wegen überquert werden. Wer Burgen in den Dünen baut, muss mit einer Geldstrafe rechnen, der Schutzabstand zum Dünenfuß muss mindestens 2 m betragen.

FKK-Anhänger fotografieren

Auf Usedom stößt sich keiner daran, wenn andere sich nicht völlig entkleidet am FKK-Strand tummeln oder am Wasser entlangwandern und diese Bereiche passieren. Eins wird aber generell nicht geduldet: Schaulustige (um nicht zu sagen Spanner), die mit der Kamera ungeniert auf Motivjagd gehen.

Kletterpartien am Steilufer unternehmen

Unaufhörlich nagen Sturm und Regen am Streckelsberg, am Langen Berg, an der Südspitze der Halbinsel Gnitz und bei Kamminke, oft kommt es zu Abstürzen von Uferpartien und Steinschlag. Deshalb ist es lebensgefährlich, sich zu nah an den Rand des Steilufers zu wagen oder Kletterpartien zu unternehmen.

Alles für Bernstein halten

Mancher glaubt, Bernstein gefunden zu haben, doch dann ist die Enttäuschung groß: Es handelt sich nur um gelbbraune Kieselsteine oder vom Meer abgeschliffene braune Glasscherben. Ob es tatsächlich Bernstein ist, lässt sich leicht feststellen: Bernstein lädt sich beim Reiben an der Kleidung elektrostatisch auf und zieht kleine Papierschnitzel an, im Wasser (zwei Esslöffel Kochsalz in einem Glas auflösen) schwimmt er wegen seiner geringen Dichte.